U0957685

土地资源管理优秀教学案例选编

（第二版）

张裕凤　敖登高娃　著

中国农业出版社
北　京

图书在版编目（CIP）数据

土地资源管理优秀教学案例选编 / 张裕凤，敖登高娃著. —2 版. —北京：中国农业出版社，2023.5
ISBN 978-7-109-30607-3

Ⅰ.①土… Ⅱ.①张… ②敖… Ⅲ.①土地资源—资源管理—案例—中国 Ⅳ.①F323.211

中国国家版本馆 CIP 数据核字（2023）第 062749 号

土地资源管理优秀教学案例选编（第二版）
TUDI ZIYUAN GUANLI YOUXIU JIAOXUE ANLI XUANBIAN（DI ER BAN）

中国农业出版社出版
地址：北京市朝阳区麦子店街 18 号楼
邮编：100125
责任编辑：闫保荣
版式设计：王　晨　　责任校对：刘丽香
印刷：北京中兴印刷有限公司
版次：2023 年 5 月第 2 版
印次：2023 年 5 月第 2 版北京第 1 次印刷
发行：新华书店北京发行所
开本：700mm×1000mm　1/16
印张：11.75
字数：172 千字
定价：68.00 元

版权所有 · 侵权必究
凡购买本社图书，如有印装质量问题，我社负责调换。
服务电话：010 - 59195115　010 - 59194918

前　言

土地既是自然界的一种资源，又是人类社会中具有归属性的资产，因此土地具有自然属性和社会经济属性的两重性。土地科学以土地为研究对象，是研究土地资源、土地利用和人地关系及其管理的科学，属于自然科学和社会科学的交叉学科，具有较强的实践性。其任务是为更好地开发、利用、保护和管理土地，协调土地与人口、经济、环境之间的关系，为促进社会可持续发展服务。土地管理作为国家调整土地关系、组织和监督土地开发利用、保护和合理利用土地资源的一项综合性措施，主要包括国家土地法规体系的建立和完善、按照国家制定的土地分类标准和技术规程调查和统计土地资源、进行土地权属管理、承办城市建设用地审批，合理分配土地资源和保证土地的合理利用、加强土地利用管理等内容。在土地开发利用与土地管理的具体工作中，由于对各项法律法规、规章制度及程序标准的掌握不全面或受眼前和局部利益的驱动，围绕土地管理的逐项内容总会产生各类土地问题。对于出现的各类土地问题的深入探究和原因分析，可为类似问题的解决提供实践经验和科学依据，也可对土地利用和土地管理中，避免类似问题的反复出现发挥警示作用。

土地管理案例是在土地资源配置、合理组织土地利用过程中围绕人与人、人与地、地与地之间的关系产生的与土地管理内容有密切联系的典型案例，它具有客观真实性、内在价值性和情景描述性等案例特性。土地管理案例分析是通过对实际发生的土地案件背景资料的收集和梳理，依据土地管理专业理论知识，对案件做出决策或评价，提出具体的解决问题的方法或建议。土地管理案例教学是以能力培养为目标，以教学案例为媒质，以个案分析为切入点，以学员及师生共同研讨和观点碰撞为主要施教方式的一种教学方法。案例教学不仅具有独到的功能作用，而且有着广泛的适用对象和适用范围，是一种行之有效而被广为采用的教学方法。基于土地管理的内容及土地科学实践性较强的特点，案例教学更有利于调动教学双方的积极性，实现教师与学员、学员与学员之间的多向互动和促进理论与实践的有机结合，实现理论知识向行为能力的转化，激发和提高学生创造性思维和分析处理实际问题的能力。开展案例教学，必须要有针对性和适用性较强的土地管理教学案例，教学案例的典型性和针对性直接影响到案例教学的实施效果。关于土地管理教学案例的编写，在我国尚处于探索和推广阶段，特别是关于土地管理教学案例编写的基本结构方面的研究相对较少，基于此，为了使读者和从事土地管理教学及科学研究的相关人员对此有深入认识，本书分为四章，第一章介绍了土地管理基本概念及土地管理相关原理，第二章介绍了土地管理的内容体系，第三章梳理了土地管理教学案例编写的基本框架结构，第四章提供了六篇具有典型性的土地管理案例及案例使用说明。其中第一章、第二章由敖登高娃和张裕凤完成，第三章由张裕凤和敖登高娃完成，第四章的案例一、二和案例四、五、六由张裕凤和敖登高娃完成，案例三由张裕凤和王考完成。在案例编写过程中，感谢内蒙古师范大学研究生院、土地资源管理专业国家级一流本科专业建设点和内蒙古自治区土地利用与整治工程技术研究中心的支持，同时感谢内蒙古自治区研究生教育教学改革项目（JGCG2022027）的支持，韩秀清、关红岩、李喜臣、晫兰、安静、白佳宜、舒佳兴、于明凯、张文静、萨仁、李晓景、郑洋、运向丽、敏嘎、白李夫、刘晶晶、陈巧珍、全月、赵宇廷、叶原森、刘志超、包那仁满都拉、木其尔等多名同志积极参与案例资料的收集和整理，在此表示感谢。

通过该书的出版，以期能为读者提供土地管理案例编写和土地管理案例教学的基本方法和思路。但由于作者理论研究和实践经验有限，内容上难免存在一些不足或可商榷之处，诚望广大读者及同行给予批评指正。

著　者

2023年1月1日

目　　录

1 绪　　论

1.1 基本概念

1.1.1 案例及教学案例

案例，按词义来解释，即为某类案件或事件的例子、个案、实例或事例。“案例”一词最早出现在医学界，是医学界对医案及个别病例的统称，一个医学案例可以从医生、护士和病人三种角度来写，从而给出观察事物的三种不同立场和角度。在管理领域，一个案例是关于一个管理问题或管理决策的描述，它通常是从所涉及的决策人的角度来描写的。从英美法律学的角度来看，案例是指判决后的案件。因此案例可以是人们对已经发生过的典型事件捕捉的记述，类似于故事，但又不是一般的故事。保罗·R. 劳伦斯认为案例是对一个复杂情景的记录，必须把这一复杂情景解剖分析再如实复原，以使人们能够理解它，因此案例首先应该是一篇好报道，同时该报道还要恰如其分地报道真实的事件和事件中哪些事情是新鲜和不同的。由此可见，案例是人们在生产生活当中所经历的典型的富有多种意义的事件的陈述，为了更为直观地表现可以用图片或影像等给予辅助展现。一个完整的案例应该向人们提供人物、场合、过程、结果，呈现特定的问题情境，引发讨论，从中体现一定的思想和理论的信息资料。根据案例，可以进行深入分析，挖掘事件内部隐含的问题，从中寻找带有规律性、普遍性的成分。

教学案例是教学过程中一个实际情境的描述，它讲述的是一个故事，叙述的是这个教学故事的产生、发展的历程。因此教学案例是含有问题的事件，能够成为案例的事件，必须包含有问题或疑难情境在内，同时含有解决问题的方法在内。能够成为案例的事件必须是真实而典型的事件，它既要符合教学要求，同时还能给读者带来一定的启示和体会，所以本书所指的教学案例，目的是服务于案例教学。

1.1.2 土地及土地管理

土地是一个综合的地理概念，根源于人们对自然界的认识。人们对作为自然产物的土地的认识随着社会的进步、科技的发展和人类利用自然能力的增强不断深化。土地的内涵由最初的土壤逐渐演变发展为地球表面的陆地、地球表面的陆地和水域及最后作为一个空间立体概念，范围扩大到地上空间和地下空间。关于土地的定义不同学科的学者，从各自研究的角度，赋予土地不同的含义。土地管理学所研究的土地是指地球表面陆地和水面的总称，同时，土地还是一个空间的概念，它是由气候、地貌、土壤、水文、岩石、植被等构成的自然历史综合体，并包含人类活动的成果。土地作为生产要素和生态环境要素，是人类生产、生活和生存的物质基础和来源，可以为人类社会提供多种产品和服务，并能创造经济效益。因此土地具有资源和资产双重内涵，土地资源是指土地作为自然资源，是人类生产和生活的根本源泉。土地资产是指土地作为财产具有了经济价值和法律意义，即土地的占有权。

在现代社会中，由于科学技术规模日益扩大，复杂程度日益加强，管理发挥着越来越大的作用。作为生产资料的土地，由于它的稀缺性和有用性，在其开发利用过程中更需要合理有效的管理。土地管理是国家在一定的环境条件下，综合运用行政、经济、法律、技术方法，为提高土地利用的生态、经济、社会效益，维护在社会中占统治地位的土地所有制，调整土地关系，监督土地利用，而进行的计划、组织、控制等综合性活动。它包含了以下几个方面的内容，即土地管理的主体是国家；土地管理的客体是土地以及土地利用中产生的人与人、人与地、地与地之间的关系；土地管理的基本任务是维护在社会中占统治地位的土地所有制、调整土地关系和监督土地利用；土地管理的目标是不断提高土地利用的生态效益、经济效益和社会效益，以满足社会日益增长的需求；土地管理的方法是综合运用行政、经济、法律、技术等方法；土地管理的职能是计划、组织与控制；土地管理的目的和特点受社会环境的制约，主要受社会制度、土地制度的制约。

1.1.3 土地管理案例

土地管理案例是在土地资源配置、合理组织土地利用过程中围绕人与人、人与地、地与地之间的关系产生的与土地管理内容有密切联系的典型案例，它具有客观真实性、内在价值性和情景描述性等案例特性。土地管理案例的客观真实性是指案例既可以是土地使用者在土地利用过程中遇到的现实问题，也可以是已经发生过的各类案件，但与案例相关的所有信息资料必须是客观真实的，有较强的实践性；土地管理案例的内在价值性是指所选案例必须是同类案件中的典型代表，蕴含着土地利用及土地管理中值得借鉴参考的经验教训和引发人们思维共振的问题，能够揭示土地利用与土地管理活动的规律性；土地管理案例的情景描述性是指以合适的方法和手段，通过对案件发生、发展和演变过程进行简明而生动形象的描述来提供人物、场合、过程、结果，从而呈现特定的问题情境，能够较好地说明和反映具体问题，突出主题，并提供必要的原始数据。

1.2 相关原理

土地管理过程遵循管理学的相关原理，因此土地管理原理包括人本原理、系统原理、动态原理、效益原理及伦理原理，它们之间相互联系、相互制约，但却互不包含。

1.2.1 人本管理原理

人本原理是指一切管理，包括土地管理，应该将人的因素放在第一位，以做好人的工作，充分调动人的积极性、主动性和创造性为根本。要做到充分调动人的积极性、主动性、创造性，必须根据人的行为规律进行管理，同时还要用动力来推动管理，这就是由人本原理引申出来的行为原理和动力原理。

管理的行为原理是根据人的行为规律进行管理，而人的行为受人的动机支配，人的动机又由人的需要决定。通常需要分为物质需要、精神需要和社会需要。人的需要总是处在动态发展中同时有着多种需要，但其中有一种最强烈的需要，这种最强烈的需要通常决定人们的行为。世界观、人生观和价值观是调节人们需要的重要因素，通过对这些因素的调节，构成人们的思想，思想则支配人们的行为。动机是在需要的基础上产生的，推动和维持人定向活动的主观心理倾向和心理要求。一般来说，目标是要达到的结果，动机是要达到这一结果的主观原因。人的动机由需要决定，同时也受外界条件的影响，在心理学上称为诱因。行为的动机有多个并形成动机结构，其中，决定人行为的最强有力的动机称优势动机，动机的强度常随需要的变化和诱因的不同而发生变化，因此，管理者需要及时地捕捉人们的优势动机，调动人们的积极性和调节人们的行为。

管理需要动力，有了动力才能推动管理，这就是管理的动力原理。动力通常分物质动力、精神动力和竞争动力 3 种。物质是人类赖以生存的基础，良好的物质条件，可以充分发挥人们的积极性和潜力。物质是第一性的，物质的存在决定人们的意识，因此物质动力是根本的动力。通常，当人们拥有一定的物质财富后，人们生存的基本需要得到满足，此时每增加一份物质财富所产生的激励作用，小于基本需求未满足前每增加一份物质财富所产生的激励作用。所以，物质动力不是万能的，还要重视精神动力和竞争动力作用。精神动力是产生于追求精神、心理、事业上得到满足的内在动力，它表现为人们对理想、信念的追求，对发挥自己的潜能、自我实现、接受困难挑战、取得高成就的愿望。因此，管理工作，要通过理想信念教育、精神鼓励和日常思想工作，使人们自觉地确定与社会利益相一致的目的，并根据目标来支配、调节自己的行动，运用精神动力实现管理目标。竞争动力产生于竞争各方表现出来的差距和公平竞争的环境。因此，在公平竞争的环境中，竞争各方能够产生催人奋进的动力，通过努力工作、科技创新，达到预定管理目标。

1.2.2 系统管理原理

系统，是由许多相互作用、相互依存的部分组合而成的具有特定功能的有机整体。现代管理中，管理对象总是处在各个不同层次的系统中，它们既在自己的系统之内，又与其他系统发生联系，同时，还处在一个更大系统的范围之内。为了实现最佳化管理，必须进行系统分析，这就是管理的系统原理。要贯彻系统原理，必须把握系统的目的性、整体性和层次性三个环节。

每个系统，包括母系统和子系统，都需要有自己明确的目的。母系统应有明确的总目标，子系统在总目标的基础上应该有各自的分目标。目标管理通过有效协调各子系统的分目标和分工合作，实现母系统的总目标。一个系统至少是由 2 个或 2 个以上子系统构成的整体，系统内各子系统之间以及子系统和大系统之间，存在相互依存、相互制约的关系。因此，任何一个系统都不是一个孤立的部分，而是一个可控的整体动态系统，同时，又是一个更大系统的组成部分，因此管理者必须掌握系统之间的不可分割的联系，使部分服从整体，又使整体照顾部分。凡是系统都有结构，结构都是有序的，系统的有序性主要表现在系统的层次性上。系统的层次性，经历着由低级到高级，由简单到复杂的发展过程。低级层次是高级层次的基础，高级层次中保留低级层次的基本属性，但处于次要地位，高级层次具有低级层次所不具备的更为复杂的属性。

对系统的高效管理必须遵循整分合原理和相对封闭原理。整分合原理是指在整体规划下，明确分工，在分工基础上进行有效的综合。因此，整体观点是前提，分工是关键，合理的分工要遵循能级对应的原则，实践证明，稳定的管理结构是正立的三角形。在明确分工的基础上，还要做到优化组合，它包括目标优化组合、组织优化组合、人才优化组合和环境优化组合。相对封闭原理指在任何一个系统内，管理手段必须构成一个封闭的循环回路，才能形成有效的管理活动，在这个相对封闭的系统中，反馈起着关键作用。通常一个管理系统可以分解为指挥中心、执行机构、监督机构和反馈机构，其中指挥中心发出指令，执行机构必须严格地执行该指令，监督机构负责对各执行机构指令执行情况进行监督，反馈机构根据指令执行的实际效果，提出指令的修正方案，供给指挥中心决策时参考，反馈机构必须做到实事求是。按照这一准则，管理活动在封闭回路中不断运行，推动事物的发展。党的二十大报告指出，“必须坚持系统观念”“我们要善于通过历史看现实、透过现象看本质，把握好全局和局部、当前和长远、宏观和微观、主要矛盾和次要矛盾、特殊和一般的关系，不断提高战略思维、历史思维、辩证思维、系统思维、创新思维、法治思维、底线思维能力，为前瞻性思考、全局性谋划、整体性推进党和国家各项事业提供科学思想方法”。

1.2.3 动态管理原理

事物的运动是绝对的，静止是相对的。对于管理系统，随着管理目标、管理对象、外部环境的变化，管理系统本身不断发生变化，在土地资源管理系统中，被管理的对象土地关系与土地利用始终处于动态变化中。因此在管理中，随时掌握事物的动态变化，使管理决策不断适应变化了的情况，运用动态原理提高管理工作的效率显得尤为重要，为此必须遵循动态相关原理和弹性原理。

管理系统的发展变化是由于管理系统内部各组成部分之间相互依存、相互作用的结果。进行动态管理，必须在管理系统的发展变化中，找出系统内部各组成部分之间以及系统与外部环境之间的各种相关关系，通过管理，协调好各部分的关系，促进事物向预定目标发展变化，取得管理的整体效应。为了准确、及时地掌握促进事物发展变化的各种相关关系，必须要做好信息传递、反馈和控制工作，管理的整个过程都离不开信息，只有及时掌握大量有效信息，才能驾驭整个管理过程的发展和变化，实现管理目标。

事物在随时间变化而变化的同时，也随空间变化而变化。有效管理必须依据系统内外条件和环境变化而随机应变。这就要求管理必须留有余地，保持充分的弹性，其原因主要有：第一，管理科学考察的问题是大量的。管理需要综合考虑各个因素的相互作用后才能做出正确的决策。由于因素众多，且相互关系错综复杂，所以，百分之百反映客观规律的管理是不存在的，这就要求管理留有可调节的余地；第二，由于社会、经济、技术的飞速发展，必然导致物质环境系统结构的巨大变化。这就要求管理系统结构在对不断产生的变化做出相应反馈的同时，还要具备应变能力，使管理具有灵活性和充分的弹性。

1.2.4 管理效益原理

管理是为了获得效益，效益包括生态效益、经济效益和社会效益，三者的关系从长远和整体观点看是统一的。土地资源管理的目的是寻求生态效益、经济效益和社会效益的优化组合，从而取得最佳的整体效益。为此，在管理工作中必须合理运用整体效应原理和规律效应原理。

整体效应是通过管理，使整体内部各个组成部分之间，相互产生促进作用，以使整体取得最佳效益。优化管理所追求的目标就是获得整体的效应，管理要取得整体效益，必须遵循放大原则，努力使输出大于输入，使管理对象产生“大于”效果。由于系统性能和功效的“不守恒”，管理要避免出现“不放大”或“负放大”的现象。为此，管理中必须明确大系统的目标以及各子系统在大系统中的地位和作用，并在实现目标过程中，随时反馈，及时修正与目标不一致的行动。

规律效应就是按客观规律管理所取得的效应。任何一个系统，其组成部分都是相互依存、相互作用、相互制约的，它们的运动和发展都是有规律的。牵动一个环节，其他环节就会发生相应变化。管理要获得效益，必须充分了解构成整体的各组成部分相互间的作用及其对整体的作用，通过对各组成部分的合理组合、配置、使用，最大限度地发挥各组成部分的积极作用和优势，充分发挥主导因素的积极作用，从而使整体获得尽可能大的效益。

1.2.5 土地伦理原理

土地伦理是指人与人及人与土地之间相互关系中所遵循的行为规范与基本法则。土地伦理的核心是人地和谐，人是土地群落中“一般成员”，土地对人类而言不是财富，而是责任。人类对土地行动的对错在于土地群落是否完整、稳定、美观、自然与健康。土地的健康在于自我调节和持续一致性而维持的自然容量。因此土地是个有弹性的系统，只要条件允许，它可以通过自然的程序来修复损害。

土地伦理的核心是人地和谐，即人与自然和谐共生，党的二十大报告中强调：大自然是人类赖以生存发展的基本条件。尊重自然、顺应自然、保护自然，是全面建设社会主义现代化国家的内在要求。必须牢固树立和践行绿水青山就是金山银山的理念，站在人与自然和谐共生的高度谋划发展。土地伦理使得群体的界限被扩大，土壤、水、植被和动物都成为土地的一部分，人类成为土地的一般成员，是土地系统的组成部分之一。人类对于土地不是征服者，土地对于人类不是财富。人类作为土地系统的一个成员，在对土地进行管理和利用的过程中，不仅对该集体或群体产生一定影响，同时更有责任维持它的正常有效运行。就土地的自然状态而言，土地生态系统处于一种相对稳定的平衡态，它是地形、气候、水文、岩石、土壤、植被等六大土地自然构成要素长期相互作用而形成的产物，土地生态环境系统处于一种相对稳定的平衡态，是个有弹性的系统，只要条件允许，它可以通过自然的程序来修复损害。因此人类的土地利用行为必须遵循土地伦理、理论的基本法则，即人口的规模不得超过土地承载力、经济规模不能超出环境容量、污染物的排放量不能超过土地自净能力。

基于土地伦理的土地资源管理必须做到，第一，从经济走向伦理和生态，人类有义务为了自身和其他生命的延续而保护生态环境，必须选择符合生态道德的社会经济生活发展模式，用生态平衡的原则来制约和规范在土地上的生产经营活动，从而使得经济和生态效益达到最优化；第二，从个体走向整体，改变对人在自然中地位的认识，人作为平等的一员存在于土地共同体之中，与其他成员相互联系、共同发展，形成一个对立统一的整体，对土地资源进行的管理应是在保证这个统一体完整性的基础上，来使群体中的成员得到利益并促进其发展；第三，从利益走向责任，将合理利用土地看作是一种成员对于集体的责任，从保护统一体共同的生存资源的角度出发，来承担对土地的责任，实现可持续土地利用；第四，从整治走向关爱，将人的角色定义为土地统一体中的一员，充分考虑任何一项土地利用活动都可能对所在区域及其周边环境造成负面影响，正确协调社会、经济和自然生态的效益关系，在此基础上，做到以一种谦卑的态度去敬仰和热爱土地，以关爱的动机去进行改造利用；第五，从效用走向福利，土地利用关乎经济、社会、生态多方面的利益。当土地统一体整体的福利达到最大化时，才能给包括人类在内的全部成员提供良好的发展空间和互相运作机制，所以土地资源管理政策制定，应当以达到整体福利最优为目的，将伦理学的利他取向贯彻在土地保护和利用中开展土地资源管理工作。

2 土地资源管理内容体系

土地资源管理学的基本任务是应用土地资源管理学的原理和方法，来研究和阐明一定的社会生产方式下调整土地关系，监督、调控土地利用的规律性，以达到平衡土地供需矛盾，取得尽可能大的生态效益、经济效益和社会效益的目的。根据我国的具体情况，土地资源管理的基本内容由地籍管理、土地权属管理、土地利用管理、土地市场管理四大部分构成，其中地籍管理是基础，土地权属管理、土地市场管理是手段，土地利用管理是核心，它们之间相互联系、相互依赖，共同构成完整的土地资源管理内容体系。

2.1 地籍管理

地籍管理又称地籍工作，一般由国家委派土地资源管理部门完成。因此地籍管理是指国家为获得地籍信息，科学管理土地而采取的以土地调查（含测量）、土地分等定级、土地登记、土地统计、地籍档案管理为主要内容的综合措施。在中国，地籍管理的主要任务是为维护土地的社会主义公有制，保护土地所有者和使用者的合法权益，促进土地的合理开发、利用，编制土地利用年度计划、土地利用总体规划，制定有关土地政策法律等，提供、保管、更新有关土地自然、经济、法规方面的信息。地籍管理的内容与一定的社会生产方式相适应，现阶段我国地籍管理的主要内容包括土地调查和土地动态监测、土地分等定级与估价、土地登记、土地统计和地籍档案管理等内容，各内容之间相互联系，具有互补的作用。

2.2 土地权属管理

土地权属管理是国家为合理组织土地利用、调整土地关系而依法对土地所有权和物权进行的科学管理活动。它为确定土地权属，变更土地权属以及处理土地权属纠纷提供法律凭证。土地权属管理的主要依据是《中华人民共和国宪法》、《中华人民共和国民法典》、《中华人民共和国土地管理法》及相关配套法规。

土地权属管理是土地资源管理中十分重要的内容，其基本任务是，第一，巩固、维护和不断完善社会主义土地公有制；第二，保护土地所有者和使用者的合法权益，调动其合理开发、利用土地和不断改善土地使用条件的积极性；第三，调整土地关系，主要内容包括依法确认土地权属、依法管理土地权属变更和依法调查、处理土地权属纠纷。

2.3 土地利用管理

土地利用管理是土地资源管理最基本的组成部分，是指从国家利益的全局出发，根据国家经济和社会发展的需要，依据土地的自然特点和地域条件，对土地资源的配置、开发、利用、整治和保护所进行的计划、组织、控制等工作的总称。土地作为系统，它的组成部分以及外部环境之间存在着互相依存、互相制约的关系，该关系的演变以连锁反应的形式进行。由于土地利用的外部性与社会性的存在，土地利用的每一点变化都会对一定的社会经济与生态环境产生影响。因此实施土地利用管理必须遵循促使土地资源合理配置、保证土地资源可持续利用、具有前瞻性与科学性的指导思想。

土地利用管理是一种政府行为，政府必须基于经济效率、分配公平、社会发展、保障供给和环境质量等方面制定土地利用管理的目标。土地利用管理的实质是对不同类型土地利用水平和转换进行干预，因此其任务是要对土地的利用水平和用途转变设置一定的约束条件，将土地资源在不同用途间的分配控制在可持续发展的幅度之内，保证土地资源安全。基于我国人多地少的资源禀赋，针对不同土地利用类型的土地利用管理的主要内容包括，以保护为主要原则的农用地利用管理、以有序扩张为主要原则的建设用地利用管理、以保护和协调生态环境为主要原则的未利用地开发及污染土地利用管理。

2.4 土地市场管理

土地市场从狭义上讲，是指以土地作为交易对象进行交易的场所。从广义上讲，是指土地这种特殊商品在流通过程中发生的经济关系的总和。我国实行的是土地国家所有和集体所有的社会主义土地公有制，因此，土地市场包括城市土地使用权市场和农村土地使用权市场。

土地市场管理的必要性主要体现在以下两个方面，首先，土地市场管理是由土地市场本身的特性决定的。作为土地市场客体的土地是一种稀缺资源，是人类进行各项生产、消费活动不可缺少的物质条件，土地的利用具有巨大的社会性；土地作为自然的产物，其位置是固定不变的，因此具有不可移动性，在土地市场上实际流转的不是土地本身，而是土地产权，土地产权及其流转必须在国家法律确认和保护下才能充分实现；由于土地具有保值并不断增值的特性，土地市场与其他市场相比具有较大的投机性。因此，这些都需要国家运用各种法律、经济、行政手段对土地投机及土地市场进行管理。其次，土地市场运行中出现的问题，诸如由于缺乏有效的宏观管理和调控，土地开发和供给存在一定的盲目性、土地收益分配不合理，国有土地收益流失、土地资源配置不合理等都需要加强对土地市场的宏观管理和调控。在对土地市场进行管理时必须遵循整合性利用、平等对待、控制与弹性管理、依法管理和多种手段综合运用等原则。

土地市场管理作为土地资源管理的重要手段，其内容主要包括土地市场客体管理、土地市场主体管理、土地交易程序管理和土地市场供需与价格管理等内容，其中土地市场客体是指土地及土地产权，土地市场主体是指土地交易活动的参与者，主要包括土地交易双方和中介服务机构，土地交易程序管理主要包括制定并完善各类土地市场交易程序，监督土地市场交易双方的交易行为，提高土地市场交易过程的透明度和结果的公开度，土地市场供需与价格是土地市场的重要信号，因此土地市场供需和价格管理是土地市场管理的重要内容，国家从社会经济发展的总体和长远目标出发，通过经济、行政和法律手段，对土地市场供需与价格进行干预，达到抑制土地投机、维护土地市场稳定、优化土地资源配置和合理分配土地收益、充分发挥市场在土地资源配置中的决定性作用的目的。

3　土地资源管理教学案例基本结构

一个完整的土地资源管理教学案例由案例正文、案例使用说明（案例教学手册）及附属资料 3 部分组成。

3.1　案例正文

案例正文包括标题、内容摘要和关键词、引言、主体、结语及思考题六个部分。

3.1.1　标题

案例标题，就像案例的“眼睛”，具有引人入胜、高度概括和触题而思的作用，同时也体现了编写者的智慧和才华。通过标题可直接明确案例的主题、案例所叙述事件的内容和性质。因此案例标题，应该按照用语准确、主旨突出、新颖简练的要求进行拟定。土地资源管理案例标题，则密切围绕土地资源管理及土地利用中发生的具有典型性、警示性和代表性的事件，用中性的，不带任何文学色彩和结论性暗示的，具有一定专业性的术语准确表达。案例标题是在案例选题的基础上研究确定的，与案例选题直接相关，但又不是案例主题和内容的简单重复。

案例选题是案例编写的第一道工序，决定着案例的内在价值和实际用途。在案例编写中主要起到目标定向、价值筛选和主题思考的作用。因此案例选题要有研究性和针对性。研究性是案例的基本特点，案例必须要有明确的学科属性，体现学科研究的一般规律，具有明确的学科专业性质。土地资源管理案例则以土地科学相关理论为指导，以土地资源管理的地籍管理、土地利用管理、土地权属管理及土地市场管理中涉及的相关问题为研究主题，以实践为基础，体现理论的实际运用，起到普遍性的指导作用。在研究中，应以新的视角和思维去观察与分析，运用逻辑和辩证的方法进行归纳、演绎和判断，从而达到启发思维、培养能力、揭示新问题、挖掘新价值和产生新认识的目的。针对性是衡量和评判案例实用价值的主要标准，一篇案例能否达到预期的目的，在很大程度上取决于案例选题的针对性。因此，案例选题必须源于生产实践，具有极强的现实意义。土地资源管理案例则源于土地资源管理及土地利用过程中发生的，具有警示作用或亟待解决的或起到示范推广作用的典型事件，从而达到选题主旨明确、特点鲜明和具有潜在研究价值。

3.1.2　摘要及关键词

摘要又称概要、内容提要。案例摘要是以提供案例内容梗概为目的，不加评论和补充解释，简明、确切地记述案例内容的短文。它具有独立性和自明性的特点，并且拥有与案例同等量的主要信息，即使不阅读全文，也能获得必要的信息。一般要求在300～500字。

关键词源于英文“keywords”，是表达科技论文、科技报告、学术论文及案例等相关著作的中心概念或主体内容的词语，是检索资料时所查内容中必须有的词语。一个完整的案例要求列出3～5个关键词即可。

3.1.3　引言

引言是案例事件的引子，主要起到概括内容、诱入主题的作用。因此，引言要语言精练，叙事简明扼要，篇幅简短，逻辑关系清晰，配合主题并为主题服务。一般可以围绕主题，根据事件发生、发展的时间和空间顺序进行编写，也可以采用能反映案例主题的、关联性较强的简短语句来对案例情景进行描述。

土地管理案例中，通常可以用与主题内容密切相关的法律条文、国土资源部门的统计数据及统计资料、国家关于土地利用和土地管理方面的政策及规定等作为切入点，为主题内容做铺垫。

3.1.4 主体

主体，是案例正文的主要部分，是提供信息和表达主题的核心内容。主体的编写要重点突出以下三个方面：

第一，要突出重点，即内容上主题鲜明，叙述中把握好事件的主要脉络，选材紧扣主题。一个主题明确、完整而真实的故事是案例研究的第一要件。如何选择一个既生动感人又能发人深思和使人追索的故事是进行案例研究首先要解决的问题，因此在案例编写时可以重点考虑以下两个因素：a. 与公认的逻辑或既定的约定相悖的事件。这样的案例故事有一定的奇特性，人们不仅想要看个究竟，而且还会提出该事件为什么会发生、怎么发生的、为什么不制止、最终结果怎么样等一系列的问题；b. 明令禁止却不断发生的事件。这样的故事在吸引人的同时让人们思考什么驱动导致明知故犯、管理者如何考虑、禁止和反禁止的博弈如何终结、最终的解决方案如何等一系列问题。

第二，结构合理，即在层次布局上错落有致，主次分明，详略得当，可围绕案件发生的过程，按照开场白—事件深入—结果等三个步骤完成，其中开场白要明确点明时间、地点、主要事件或决策者或待解决的问题；事件深入，可通过讲述故事的方式把待解决的问题从故事的发展中引出来，用描写性的语言复原客观事实并推向高潮。在对案例进行具体描述时要注意以下两点：a. 抓住关键环节。一个真实而完整的事件，必有其起因或诱因、发展放大的条件和过程、变化的机制和结果。无论多么复杂的事件，其中总有1～2个关键环节，抓住这些关键环节并对其加以具体描述和详细分析，不仅可展示出真实世界的生动场景，也有助于探寻事件背后的约束条件和运行机理；b. 在深入调查和广泛收集资料的基础上编写。围绕案例对象深入调研，广泛收集一线资料，将与事件发生发展相关的各类资料用图、表、数据加以详细记录、整理和分析，在此基础上编写的案例才更具说服力和深度。

第三，理论升华，即在初级事实材料的基础上，进一步加工提炼到理论的高度。在提炼升华过程中要特别注意理论背景和理论框架。因为关于案例主体叙述的故事所反映问题的研究，必须是在对应的理论框架下进行的研究和讨论。同时现实中的案例也是理论在实践中的具体应用。因此，只有通过案例和理论之间的互动关系，才能达到从现实学习中有所发现和创新，对现有理论进行深入思考，在理论指导下不断规范和纠正错误行为的目的。

3.1.5 结语

结语是案例的最后一个层次，在案例正文中起到概括、总结或提示的作用。一个好的结语不仅能充分地表现主题，而且可使案例具有更强的逻辑性。

3.1.6 思考题

围绕教学目标，每一个案例一般安排 4～6 个思考题，供读者在阅读时进行同步思考，通常在案例使用说明书的“教学内容设计”中配合使用。

3.2 案例使用说明

案例使用说明主要由课前准备、适用对象、教学目标、教学内容与要点分析、课程安排等五部分组成。其中课前准备主要程序性地提醒课前需要安排的事项，土地管理教学案例中，通常要求，围绕主题熟悉土地管理法律法规中的有关条款及与主题内容有密切联系的相关理论；适用对象，主要指明案例的读者和使用群体，土地管理教学案例主要适用于从事国土资源管理方面的教学与科研工作的相关人员；教学目标，主要介绍案例教学目的，围绕主题，明确具体的知识点及需要解决的关键问题；教学内容与要点分析、教学安排是案例教学中的核心部分。

3.2.1 教学内容与要点分析

教学内容与要点分析作为案例使用说明书的核心和难点，需要精心设计和构思。通过精心构思，逐一挖掘蕴藏在案例正文中的系列问题，并对其进行逐项深入分析是使用该案例进行教学是否达到一定理论高度和良好教学效果的关键。因此，教学内容的设计一般与案例思考题相联系，按照简明扼要的原则编写、要点分析则是对案例问题分析的一种提示，因此不仅在内容上与案例思考题和教学内容密切联系，还应当从核心问题、基本要求和一般方法等方面加以提示。土地管理教学案例中，通常先明确与案例有关的基本概念及相关法律法规，在此基础上设计案例分析路径，之后点明案例的关键问题。

3.2.2 教学安排

教学安排和教学内容与要点分析共同构成案例说明书的另一个核心和难点，其安排的合理与否、是否具有可操作性，直接决定了案例课堂教学的效果和质量。因此，教学安排需要对案例课堂教学的内容和各部分所需时间及教学进度进行全程详细安排。

3.3 其他附属资料

主要包括在案例编写过程中应用的一些辅助资料、视频辅助手段及计算机支撑等。

4 土地资源管理典型教学案例

4.1 案例1：加强征地管理，防范政府失灵

4.1.1 案例正文

加强征地管理，防范政府失灵[①]

——以某省区某县煤炭物流中心为例

摘要： 案例描述了某省区某县某煤炭物流交易中心未经批准以每公顷18万元价格征地962.99公顷，先后与36家煤场、洗煤厂等企业签订入园协议，将土地交由企业建设，违法建设占地449.58公顷，其中占用耕地283.43公顷，有44.42公顷不符合土地利用总体规划的事件。整个事件客观反映了地方政府在行使国家赋予的公共权力的过程中由于背离公共利益，对土地使用者造成损害、使政府形象受损，在上级部门的高调反应下对土地违法行为及时制止和纠正的土地利用管理问题。案例期望引导读者深入思考如何建立良好的地方政府与中央政府对土地资源管理的互动合作关系、如何建立土地利用管理过程的全程有效监督与预防机制以及如何采取有效措施加强征地管理，进一步提高政府关于土地资源管理决策科学化水平等问题，探究解决问题的办法与途径，为预防政府失灵提供有效保障。

关键词： 征地管理；政府失灵；煤炭物流中心；某县

① 案例来源于网站报道，相关网址见参考文献［6］、［7］、［8］、［9］。

引言

缩小征地范围，规范征地程序，完善对被征地农民合理、规范、多元保障机制。扩大国有土地有偿使用范围，减少非公益性用地划拨。建立兼顾国家、集体、个人的土地增值收益分配机制，合理提高个人收益。

——《中共中央关于全面深化改革若干重大问题的决定》

1999—2011 年全国土地违法的案件总数 1 302 795 件，涉及土地面积 612 882.2 公顷，其中以地方政府为主体和涉及地方政府的涉案土地面积占违法用地面积的 79.1%，平均涉案耕地面积占违法用地面积的 47.6%。土地违法的所有主体中，地方政府的案均土地面积最大，其次分别为企事业单位、村集体和个人，相对于其他主体而言，地方政府的土地违法行为占用土地，特别是占用耕地面积大，具有更强的危害性。

——原国土资源部统计数据

中华人民共和国实行土地的社会主义公有制，即全民所有制和劳动群众集体所有制。……任何单位和个人不得侵占、买卖或者以其他形式非法转让土地。国家为了公共利益的需要，可以依法对土地实行征收或者征用并给予补偿。

——《中华人民共和国土地管理法》第二条

国家征收土地的，依照法定程序批准后，由县级以上地方人民政府予以公告并组织实施。

县级以上地方人民政府拟申请征收土地的，应当开展拟征收土地现状调查和社会稳定风险评估，并将征收范围、土地现状、征收目的、补偿标准、安置方式和社会保障等在拟征收土地所在的乡（镇）和村、村民小组范围内公告至少三十日，听取被征地的农村集体经济组织及其成员、村民委员会和其他利害关系人的意见。

……

拟征收土地的所有权人、使用权人应当在公告规定期限内，持不动产权属证明材料办理补偿登记。

——《中华人民共和国土地管理法》第四十七条

Ⅰ　某煤炭物流交易中心的成立

某乡位于某省区某县东南部，距县政府40公里，面积130.5平方公里，人口2万人，某公路过境，水利条件较好，主要农作物为小麦、莜麦和马铃薯等，下辖26个村委会。

2009年5月，某省区煤炭工业局下发《关于限期整顿某县煤炭市场的通知》，要求“某市在2009年底前，对某县某公路两侧无证非法煤炭经营摊点进行彻底清理取缔，清理取缔要制定切实可行措施，避免走过场。同时要求对道路两侧的煤炭市场进行重新规划，规划要高起点、高标准，建设成环保、高效的煤炭物流园区”。2009年5月该县县委、县政府在某乡启动了煤炭物流交易中心，力图打造集煤炭集运、洗选加工及外运销售的大型物流中心。县人民政府下属的某煤炭物流交易中心陆续与村民签订协议，未经批准以18万元/公顷价格征地962.99公顷。交易中心先后与36家煤场、洗煤厂等企业签订入园协议，将土地交由企业建设，涉及违法建设占地449.58公顷，其中占用耕地283.43公顷，有44.42公顷不符合土地利用总体规划。

煤炭物流交易中心占用的土地是属于土地租赁还是土地征用？

土地征用：为保护被征地农民和农村集体经济组织的合法权益，我国法律对征地程序作了详尽的规定。在征地报批前，要将拟征地的用途、位置、补偿标准、安置途径告知被征地农民；拟征土地利用现状的调查结果，要经被征地农村集体经济组织和农户确认；确有必要的，土地行政主管部门应当依照有关规定组织听证。在征地批准后，要按照“两公告，一登记”的要求进行组织实施。具体程序为：a. 被征用土地所在地的市、县人民政府应当在收到征用土地方案批准文件之日起10个工作日内进行征用土地公告，该市、县人民政府土地行政主管部门负责具体实施；b. 被征地农村集体经济组织、农村村民或者其他权利人应当在征用土地公告规定的期限内持土地权属证书到指定地点办理征地补偿登记手续；c. 有关市、县人民政府土地行政主管部门会同有关部门根据批准的征用土地方案，在征用土地公告之日起45日内，以被征用土地的所有权人为单位，拟订征地补偿安置方案并予以公告，听取被征地农村集体经济组织和农民的意见；d. 对被征地农村集体经济组织和农民的意见进行研究，并修改征地补偿安置方案，该方案报市、县人民政府批准后，由市、县人民政府土地行政主管部门组织实施。

征收标准：《中华人民共和国土地管理法》第四十八条规定，征收土地应当给予公平、合理的补偿，保障被征地农民原有生活水平不降低、长远生计有保障。征收土地应当依法及时足额支付土地补偿费、安置补助费以及农村村民住宅、其他地上附着物和青苗等的补偿费用，并安排被征地农民的社会保障费用。征收农用地的土地补偿费、安置补助费标准由省、自治区、直辖市通过制定公布区片综合地价确定。制定区片综合地价应当综合考虑土地原用途、土地资源条件、土地产值、土地区位、土地供求关系、人口以及经济社会发展水平等因素，并至少每三年调整或者重新公布一次。征收农用地以外的其他土地、地上附着物和青苗等的补偿标准，由省、自治区、直辖市制定。对其中的农村村民住宅，应当按照先补偿后搬迁、居住条件有改善的原则，尊重农村村民意愿，采取重新安排宅基地建房、提供安置房或者货币补偿等方式给予公平、合理的补偿，并对因征收造成的搬迁、临时安置等费用予以补偿，保障农村村民居住的权利和合法的住房财产权益。县级以上地方人民政府应当将被征地农民纳入相应的养老等社会保障体系。被征地农民的社会保障费用主要用于符合条件的被征地农民的养老保险等社会保险缴费补贴。被征地农民社会保障费用的筹集、管理和使用办法，由省、自治区、直辖市制定。2009 年某省区征地统一年产值标准和征地区片综合地价中确定的耕地补偿标准，某乡为Ⅱ级，标准为 18 万元/公顷。

土地租赁：农村土地作为特殊的稀缺资源，国家对其占有、使用及收益等权利以立法形式做了明确规定。第六十条规定，农村集体经济组织使用乡（镇）土地利用总体规划确定的建设用地兴办企业或者与其他单位、个人以土地使用权入股、联营等形式共同举办企业的，应当持有关批准文件，向县级以上地方人民政府自然资源主管部门提出申请，按照省、自治区、直辖市规定的批准权限，由县级以上地方人民政府批准；其中，涉及占用农用地的，依照本法第四十四条的规定办理审批手续。第六十三条规定，土地利用总体规划、城乡规划确定为工业、商业等经营性用途，并经依法登记的集体经营性建设用地，土地所有权人可以通过出让、出租等方式交由单位或者个人使用，并应当签订书面合同，载明土地界址、面积、动工期限、使用期限、土地用途、规划条件和双方其他权利义务。前款规定的集体经营性建设用地出让、出租等，应当经本集体经济组织成员的村民会议三分之二以上成员或者三分之二以上村民代表的同意。通过出让等方式取得的集体经营性建设用地使用权可以转让、互换、出资、赠与或者抵押，但法律、行政法规另有规定或者土地所有权人、土地使用权人签订的书面合同另有约定的除外。集体经营性建设用地的出租，集体建设用地使用权的出让及其最高年限、转让、互换、出资、赠与、抵押等，参照同类用途的国有建设用地执行。具体办法由国务院制定。《中华人民共和国农村土地承包法》第三条规定，“国家实行农村土地承包经营制度。农村土地承包采取农村集体经济组织内部的家庭承包方式，不宜采取家庭承包方式的荒山、荒沟、荒丘、荒滩等农村土地，可以采取招标、拍卖、公开协商等方式承包”，第三十六条规定，承包方可以自主决定依法采取出租（转包）、入股或者其他方式向他人流转土地经营权，并向发包方备案。按照上述法律规定农村土地经营只能采取承包经营制，而不能采取租赁经营制。允许存在的土地租赁也只能是家庭承包后的承包方的对外出租，属于土地承包经营权流转的范畴，而不能由农村土地所有权人即发包方对外出租。亦即出租人只能是承包土地后的承包人，而不能是作为土地所有权人的发包人。

2010年，某县政府上报给某市政府的一份请示文件中对某乡煤炭物流交易中心占用土地有过这样的解释：“交易中心5平方公里的规划建设用地虽已列入新一轮土地利用总体规划大纲，但规划尚未验收，暂时不能应用；也不符合旧的土地利用总体规划，无法履行土地报批手续”。某市国土资源局上报给市人大办公厅的一份报告，更是直接指出：某乡煤炭交易中心虽有立项申请及市发改委文件，但没有办理土地审批及相关手续，构成了未批先建的违法事实。

Ⅱ 农民的诉说

(1) 对话

某县某乡的违法用地，当时征地的价格为每公顷 18 万元，有些甚至还采用了强行征地的手段。知道记者要来乡里采访违法占地的事，很多村民都从邻村赶来，村民们告诉记者，当时他们的土地被征用，并不是自愿的。

某县某村民：人家要占，村委会要占，叫我们签合同，签了 30 年的合同，最后给了 15 年的（钱），欠下 15 年，一公顷地按 6 000 元让我们卖，我们本身不愿意呀，那地可是我们的口粮地，但不愿意也不行，强行被占了。

记者：这些话都是谁和你说的?

某县某村民：谁说的? 村长（村主任），大队里的，都是大队里的，人家喇叭里就喊："你签也得签，不签也得签，签也得占，不签也得占"。

记者：那现在土地被征了，你们的生活靠什么?

村民：能做啥呢，打工也上了岁数，去哪一看你上了岁数，没人要，你说我们这咋活呢?

不过对于村民们强占土地的说法，当地村委会一口否认。某县某村，村委会书记×某说：土地价格是县里定的，具体操作、量地、发钱是乡里给量的地、发的钱，县里的标准是每年给 300 千克小麦的价格，年年给，他们定的是这个，但是村民不同意，村民要求一次性给。

某县某村，村委会×书记说：合同也签了，钱也拿到了，他又告状，这个事情咋解释。

为了证实自己的说法，采访中当地村民还给记者提供了一份他们和乡干部、村干部交涉占地问题时的录音，录音中某煤炭交易中心主任称，不管同不同意，土地就要强占。

……

贮煤、选煤、洗煤，物流中心算是煤炭外运的中转站。除了煤厂，园区还有大量的土地撂荒着。地里还能找到残留的地膜，附近的村民说，这里原来并不是荒地。

某村的×女士说：2010年承包地里的庄稼被强行推倒，他们说要占这个地。最后我们也没有同意，当时也没有征求过我们的意见，什么都不知道。就是有一天我们回来了，发现自家的地已经被推了，我们种的玉米已经被推走了。从2009年秋天占某村的土地开始，煤炭物流园区先后占了周围6个村子的土地。

村民们都说这次占地，占得有点糊涂。他们至今都搞不清楚，自家的土地是被租用还是征收。

某村村民胡女士说：我们这个地不知道是租的还是征的，因为就像房子一样，租房子和买房子肯定是两个价格，我问我们这个地到底是租的还是征的，他也不跟你说是租用还是征用，大家的协议上也体现不出是租用还是征用。

各级政府部门相互往来的公文里，频繁用到的词是“征地”、“征收”；某村公示的账目表中，用的是“租用”；村民手里的协议，甲方是某县政府，提到的“补偿款”分两期支付，第一期20年，每公顷地每年18万元，第二期从2029年算起，却没有终止时间。村民们问记者，有无限期的租用吗？

这次占地的第二笔糊涂账是，物流中心究竟占了多少地？村里、乡里给出的丈量数据几经变化。村里原始的分地账本、占地账本、占地补偿款发放账本，也是各有各的写法。

某村民×先生：这个表格都是某服务中心给的，第一次丈量为1 266.67多公顷，第二次又成了1 000多公顷。就像我们村第一次丈量为491.18公顷，第二次为334.59公顷。每家占你多少地、每家分多少钱，还有我们二轮承包土地，这三本账我们都能算出来，三本账完全不符。

对此，某县国土资源局规划科技股的工作人员也说不清楚。

工作人员说：规划了5平方公里，总共占了10平方公里。事实上，某县的这次占地，最大的问题并不是前面所说的两笔糊涂账，而是没有审批手续、未批先建。《中华人民共和国土地管理法》第四十六条明确规定，征收永久基本农田、永久基本农田以外的耕地超过 35 公顷的、其他土地超过 70 公顷的，应当经国务院批准。

……

某煤炭交易中心×主任说：这个项目是县里的大项目，要求村民全部服从。

记者了解到，当地政府给村民的征地补偿一般是每公顷地每年 6 000 元至 9 000 元，一次性签 30 年，也就是每公顷地补偿 18 万元至 27 万元。

……

农民手中的土地莫名其妙地成了煤炭物流交易中心的土地，不管补偿是否到位，曾经的耕地现在已是煤厂，县政府和村民签的协议上，20 年的补偿款是每公顷 18 万元，而煤老板拿到地开厂子的价格少则 60 万元/公顷，多则 90 万元/公顷，甚至更多。一位煤厂老板告诉记者，他的煤厂占地，是分两批拿到手的。

煤厂老板：我那时有 2 公顷多是按 60 万元/公顷购买的，后来场地不够用，我又买了 2 公顷多，那时基本是 90 万元/公顷了。

这位老板说，他跟某县政府签了 20 年的租赁协议。

煤厂老板说：都是跟某县政府签的租赁合同，反正合同上写的就是 20 年。

虽然煤炭物流交易中心管委会和煤老板签的协议里也说，土地是“租赁用地”，租期 20 年。但 20 年后，租用的土地怎么办？这位老板说，当初签协议时，政府有说法。煤厂老板：这一块地，慢慢地都要变成永久用地，但它一年的指标是有限的，得分几年才能把整个交易中心的指标陆续办完；另一家煤厂老板的说法更为坦率：其实就是以租代买了，20 年以后，当时办事的，该死的死，该退的退，就没个说法了，你占的就是你的了，咱的地都是这么个做法。

当地政府从村民手里低价拿地，再高价卖给煤老板，从中赚取差价。不过，煤炭物流交易中心建起来只有三四年，之后已经有不少老板张罗着卖掉煤厂。

煤老板说：我现在肯定是做不下去，市场不好，赔钱也是摊上了。不过长远来说，这个东西肯定是有发展前途的。

村民们也证实，这两年，来往的拉煤车确实少了，看到煤老板卖厂子，村民们开始想，那些还荒着的地，能不能先种着？不过，即便还了地，这些地，还能打粮食吗？

村民：耕地上面修了五条铁路，根本恢复不了。

村民：他们把耕地全毁了。

村民：现在耕地上都是煤炭，各种污染，以后庄稼就不长了。

（2）诉说

我是某省区某市某县某乡下辖一个村的大三学生，地方政府为建设煤炭物流交易中心，占用了某乡6个自然村，村民们的生活没有安宁，自身安全受到威胁，人心惶惶。实际情况是2009年9月，我们正处于黄金农作物收期，农田里来了不知名的大量施工车辆，连续20天扩展道路挖沟。之后逐渐推毁玉米，村民开始阻拦，但也没有用，结果是县、乡、村领导强行占用土地，建设煤炭物流交易中心，中心占用了6个自然村的土地，合计1 333.33多公顷，其中包括各村林地、耕地、农田道路、水利灌溉渠，向村民强行租用耕地20年，每公顷18万元，乡级领导以20年每公顷84万元转租给煤炭老板。

村民要求，还我林源，还我耕地，还我绿色环境。

（3）无奈

现场近千亩被推平的耕地，已经分不清界限，地里还堆放着不少准备施工的石块和砖头。

某县政府为了扩大耕地面积，曾鼓励村民把很多荒地开拓成了良田，村民们都说，开荒地至少种了十几年，如今，土地被收回，不少农民除了承包地的补偿款外，开荒地补偿一分钱都没拿到。某村村民×先生从20世纪80年代开始开荒，征地前，家里已经有3.07公顷开荒地了。

某村村民×先生：对我来说，3.07公顷地，平整土地花了一万多元，又打了机井，把沙丘整个变成了平地，投资还挺大，一分钱也没领到。

村民无奈地面对被推平的耕地……

Ⅲ 政府部门的响应

大面积违法用地，某县政府的上级机关是否知情？对此，某市国土资源局工作人员做了如下解释。

某市国土资源局原工作人员：我跟你实话实说，县里现在确实管不了，说白了现在这个事情，上级政府应该管。但你们去了市政府，市政府打发到我们这儿，说白了我们哪儿管得了啊？国土资源厅都管不了我们哪儿管得了？跟市委都打过招呼的，我们局里能让停下来吗？

既然认定有违法行为，作为上级土地主管部门的某市国土资源局，为何没有履行监管职责？某市国土资源局表示，自己无能为力。

记者：那他违法，市国土资源局也没办法？

工作人员：那不是下了通知书让它停工，就这点办法了。

村民：但咱们市局不是有耕地保护部门吗？

工作人员：这不是保护了嘛，保护就是下通知，人家不听，那没办法。现在咱们土地部门就存在这个问题，好多项目都是这么干的。

某县的项目和决定，县国土资源局或许当真管不了，而作为上级土地主管部门的某市国土资源局、某省区国土资源厅也管不了吗？“都这么干”，能成为违法占地的理由吗？某县明知违法，仍要坚持推进，动机和动力何在？

（1）媒体曝光

2013 年 5 月 20 日中央人民广播电台在“新闻纵横”节目中播发了某省区某市某县某煤炭物流交易中心，在土地使用中存在问题的相关报道；5 月 20 日，央广新闻“中国之声”栏目对某县某煤炭物流交易中心未批先建行为进行了相关报道……随着媒体的陆续报道，某乡煤炭物流交易中心土地违法问题引起了某省区国土资源厅和某市市委、市政府的高度重视。某市国土资源局协调某县县委、县政府对此事件开展了深入了解和调查。

（2）调查组成立

在媒体深入曝光后的当天上午，某县县委书记主持召开了由县长以及县纪检委、政法委、法院、检察院、宣传部、国土资源局、林业局、交通局、信访局等14个部门主要负责人参加的会议。同时迅速成立了由县长任组长，县纪检委、政法委、法院、检察院、国土资源局等部门负责人组成的专项调查组——“某煤炭物流交易中心土地问题调查组”，于当天下午，也即5月20日下午调查组入驻交易中心开展调查工作。

某县新闻发言人，县委常委、县委办公室×主任表示，报道播出后，某县县委、县政府高度重视。×主任在接受中央台记者采访时说：“调查组将重点调查煤炭物流交易中心建设中的土地使用情况。对在土地使用过程中涉及的违法、违规的人和事，县委、县政府将严肃查处。同时在此次调查中，县人民检察院将全程参与调查督导。”

（3）强制拆除

随着调查工作的展开，5月21日，某省区国土资源厅纪检书记、执法监察局×局长带领国土资源部门工作组深入现场，进行了详细的摸底调查。并由某县委新闻发言人县委常委、办公室×主任，就事件的调查工作及进展情况向媒体进行了通报。5月22日，某市国土资源局×局长深入实地了解情况，要求某县按照某省区国土资源厅工作组反馈意见及时进行整改。当天下午某县县委×副书记带领某县国土、城建、环保、公安、法院和检察院等部门组成的联合执法组对位于某煤炭物流交易中心外围某省道两侧的违章建筑进行了强制拆除。此次联合执法行动，共出动执法人员230多人次，动用大型拆除机具10台次，共拆除违法占地煤场6家，共计20.10公顷。

随着调查工作的不断深入，某县县委、县政府决定于5月23日将对交易中心内违法用地煤厂强制拆除。区、市、县三级国土资源部门决心要“除违必尽”，以此次联合执法行动为契机，彻底清理某煤炭物流交易中心及周边的违法用地行为，使其走上法制化、规范化的用地轨道。

（4）受质疑的土地自查

中央人民广播电台《新闻纵横》报道播出后，当晚某县政府迅速回应，不过对于当地群众所提出的一系列质疑，接受采访的某县政府官员没有给予正面明确答复。

村民说：周一播了以后，当天中午村里头就有人下去了，但也没问过我们什么事。第二天中午又有人下去，就在交易中心里转了一圈就走了，他们说是某县国土资源局的。23日中午他们就开始张罗着拆路边的煤场。今天我们去了某县政府，政府给我们的答复是：某县政府重新成立了一个工作组，下去到了交易中心。对我们提出的土地是租的还是征的，我们有一部分村民没在协议上签字，还有一大部分村民的开荒地补偿款没有到位，还有撂荒地问题，还有像污染等一系列问题，他们一个都没有给予回答，反正这么下去就不了了之了。

群众说，其实，他们的质疑还有很多，比如，除了占用的耕地外，还有林地，砍伐林地上生长了几十年的树木，有没有取得采伐证？采伐林木的收益谁拿走了？某县政府所涉嫌的低买高卖，差价现在又躺在谁的兜里？根据《中华人民共和国土地管理法》，占用耕地的应当按照“占多少补多少”的原则进行耕地补偿，占地过程中，有没有相应的补偿耕地？如此大面积的违法用地，当地国土资源部门监管不力，谁来为撂荒四年之久的上万亩土地负责？关于群众提出的这些疑问，仍然没有收到当地相关政府部门的真诚回应。

（5）国土资源部“即时”挂牌督办

《大批土地涉嫌未批先占，某省区某县低买高卖赚差价》的报道播出后，某县宣布成立调查组调查此事，但是这种裁判员运动员“一肩挑式”调查的公正性遭到了质疑。5月30日，在事件有了进一步进展的基础上，国土资源部正式宣布，将某县某煤炭物流交易中心的违法用地一案，列为重大典型案件，挂牌督办。国土资源部给“中国之声”发来的书面材料中显示：5月30日，国土资源部挂牌督办某县某煤炭物流交易中心违法用地案。2009年以来，某县政府下属的某煤炭物流交易中心，陆续与村民签订协议，未经批准以18万元/公顷的价格，违法征地近 1 000 公顷。该交易中心先后与 36 家煤场、洗煤厂等企业签订协议，将土地交由企业建设。经过初步核查，违法建设占地 449.58 公顷，其中耕地 283.43 公顷，有近 44.42 公顷不符合土地利用总体规划。2013 年第二季度起，国土资源部把“按季度”挂牌督办的制度，改为“即时”挂牌督办。也就是说，发现一起，督办一起。而“中国之声”独家调查的某县违法用地案，也成为这一新举措实施后，挂牌督办的一起重大典型案件。

6 月 5 日，某县国土资源局原×总工程师说：“目前，对某煤炭物流交易中心的违法用地正在拆除中。根据某县新的土地利用总体规划，拆除对象：一是交易中心外围的某省道周边违规占用土地的煤炭厂区；二是交易中心内不符合土地利用规划的区域。”

国土资源部也向某省区国土资源厅发出通知书，要求某省区国土资源厅按照规定，会同有关部门抓紧调查，并于 7 月 10 日前将处理意见报国土资源部，经国土资源部同意后负责落实。而这份挂牌督办通知书也同时抄报监察部、某省区人民政府办公厅、某省区监察厅、国家土地督察北京局。

(6) 政府整改工作

① 严格规范交易中心用地

1) 2013 年 10 月 22 日，根据某市人民政府《关于撤销〈某市人民政府关于同意规划建设某煤炭物流交易中心的批复〉的通知》(某政字〔2013〕277 号) 文件的要求，撤销了某县某煤炭物流交易中心。按照市政府的意见，拟与某铁路局合作利用现有场地，建设某铁路综合货场。本着集约、节约用地的原则，开始着手对原交易中心的建设规划和土地利用总体规划进行重新编制，具体工作中，一是聘请某省城乡规划设计院、中国交通运输协会联运分会并与某铁路局对接，着手编制铁路综合货场建设规划；二是会同某公司对原交易中心土地利用总体规划进行重新修编，依据土地利用总体规划的要求，将原交易中心分布散乱的建设用地压缩整合、集中联片，面积由原来的 1 000 公顷调整为 664 公顷。某市政府同意评估修改某县土地利用总体规划，并将相关材料上报某省区人民政府待批。

2）根据《中华人民共和国土地管理法》、《中华人民共和国民法典》、《中华人民共和国农村土地承包法》的相关规定，由县人民政府解除违规签订的征地协议和投资合同，逐步理顺政府与企业、政府与村民、企业与村民的关系。待土地利用总体规划调整后，符合土地利用总体规划部分依法重新签订征地协议，依据相关程序办理征转用审批手续，按照招拍挂方式供地，不符合土地利用总体规划部分，由用地企业与村民重新签订土地流转协议，由企业实施与农业相关的项目。

3）对已实际占用但未办理农用地征转用和土地征收审批手续的351.08公顷土地，依据《中华人民共和国土地管理法》第七十九条的规定，由县人民政府全部收回土地，其中对不符合土地利用总体规划的77.49公顷项目用地，完成地上建筑物和各类附属设施的拆除并恢复土地原状，拆除10家不符合土地利用总体规划的煤场并进行土地平整，共拆除煤台15个、拆除房屋6 446平方米、清运存煤42 000吨、拆除围墙1 567延长米；对符合土地利用总体规划的273.59公顷项目用地，全部做出行政处罚，依据相关程序办理征转用审批手续，按照招拍挂方式供地。

4）对已办理农用地转用和土地征收审批手续的161.20公顷项目用地，按要求需实施供地，但因交易中心已撤销，新的建设规划还未完成编制，土地利用总体规划尚在调整过程中，已不能按批准的用途实施供地。县政府承诺，待建设规划和土地利用总体规划调整后，及时按照法定程序完成供地。

5）对已支付补偿款未占用的389.46公顷土地和不符合土地利用总体规划已实际占用的77.49公顷土地，按要求需退还原集体经济组织，但因这部分土地原始地界已灭失，插花地居多，且村民已经领的补偿款返还存在困难，经县、乡两级政府与相关村委会协商，采取土地流转的方式，即在政府的监督下，由用地企业与村民重新签订土地流转协议，在不改变土地用途的前提下，由企业实施与农业相关的项目。

6）对原某煤炭物流交易中心管委会办公室占用70.35公顷土地修

建道路，县人民政府已对相关责任人做出行政处分，并责成县国土资源局通过评估修改某县土地利用总体规划，尽快完善用地手续。

7）对县土地收储中心违规收取某省区某煤炭运销有限责任公司预付的土地出让金，县人民政府已责成县土地收储中心退还收取的2 000万元。

② 严肃处理相关责任人

由县纪委监察局牵头，联合检察院、国土资源局等相关部门进行深入调查，对原某煤炭物流交易中心违法用地案涉及的相关责任人提出处理意见，2013年11月21日，《某县人民政府关于给予×某等人行政处分的批复》（某县政字〔2013〕178号）已对相关责任人做出严肃处理。

③ 全面规范用地秩序

1）坚决取缔原交易中心外非法煤炭经销摊点。某县政府组织县国土资源局、公安局、法院、检察院、监察局、司法局、建设规划局、环保局、林业局等部门组成联合执法队伍，对原交易中心外的非法煤炭经销摊点依法进行拆除，拆除煤台65个、拆除房屋约8 000平方米、清运存煤60万吨、拆除围墙11 000余延长米，恢复土地原貌约133.33公顷。同时，加强了执法巡查，坚决防止非法煤炭经销点死灰复燃。

2）严厉打击违法用地和违规建设。为切实有效遏制违法用地、违规建设（简称“两违”建设），促进建设市场健康有序发展，县委办公室、政府办公室，于2013年11月28日印发了《某县深入开展严厉打击违法用地和违规建设专项整治行动工作方案的通知》（某县党办通〔2013〕56号），在全县范围内组织开展严厉打击“两违”建设专项整治行动，严肃查处一批“两违”建设案件，进一步规范土地管理和规划建设管理工作。

Ⅳ　结束语

“土地是财富之母，劳动是财富之父”，广大的劳动者创造了财富。我国的土地归国家和人民集体所有，政府完全垄断了土地一级市场，土地所有权交易的唯一方式是政府征地，我国征地补偿制度由政府制定，地方政府作为征地补偿制度的执行者，具有较大自由裁量权。国家征用农民集体土地是国家建设的需要，是社会公共利益的需要，也是农村实现城镇化和现代化的必然之路。

政府既是公共利益的代表，又是公共权力的行使者，这种权利对全社会成员具有强有力的约束力和权威性。所以政府必须通过制定和实施相关法律法规，明晰土地产权，规范土地使用者的行为，同时也担负着保障土地资源配置的公平和效率的责任，更重要的是要通过有效监督制止土地利用外部不经济性的产生，使得土地利用的外部性内在化。政府如果在管理活动过程中，背离公共利益，只谋求其内部利益，则不仅会造成政府失灵，更会对社会全体成员包括土地使用者造成极大的损害，使政府形象受损。

土地利用的外部性是指土地利用中一个经济主体的行为，不通过影响价格而直接或间接地影响另一经济主体的经济环境和经济利益的现象。合理的土地利用方式会给他人带来有利的外部影响，即外部经济性。不合理的土地利用会对他人造成不利的外部影响，即外部不经济性。这种外部不经济性的本质是经济个体利用土地资源的社会成本，即：

社会成本＝个人成本＋外溢成本（由第三者承担的成本）

一般情况下，土地利用者都会追求自身经济利益最大化，因而不会去承担外溢成本或支付治理污染的成本，这就要政府介入，采取有效的调控措施，使外部成本内在化，消除土地利用的外部不经济性。

在利益驱动下，土地利用的外部性及政府行为模式之间存在着密切联系，在保证政府公共权力的约束力和权威性的前提下，如何采取有效措施，切实保障失地农民的合法权益，使他们的生活水平及社会保障不因土地的失去而有所降低，又能减少耕地大量流失，维持正常的土地市场秩序，保证政府的公信力和执行力，维持法律的尊严，是有效防范政府失灵的重要保障。

Ⅴ　思考题

① 案例中地方政府和国土资源局的土地违法行为的危害性体现在

哪些方面？

② 案例中地方政府土地违法行为产生的内在驱动力的根源是什么？如何从制度上防止案例中地方政府的土地违法行为？

③ 如何建立良好的地方政府与中央政府的关于土地管理的互动合作关系？

④ 如何在土地利用管理过程中进行全程实时监督并建立有效的预防机制？

⑤ 采取哪些措施可以进一步提高政府关于土地决策的透明度与科学化水平？

⑥ 基于从严执法的角度对于土地违法行为惩治的建议。

4.1.2　案例使用说明书

“加强征地管理，防范政府失灵”案例《教学手册》

Ⅰ　课前准备

（1）熟悉《中华人民共和国土地管理法》中关于征地、保护耕地和土地利用总体规划方面的条文。预习《土地管理学总论》中关于土地管理一般过程的内容。了解《公共管理学》中关于政府失灵、公共管理者和公共管理组织的角色的相关理论。

（2）课前思考题：结合案例思考在当前征地管理中存在的主要问题有哪些？应该怎样解决？

（3）明确案例具体的教学目的，制定详细的教学计划，设计课堂活动实施方案。

（4）准备其他与教学相关的材料以及硬件设施。

Ⅱ　教学目的与用途

（1）教学目的

使读者或学员了解土地管理相关法律法规以及国家对于违法占地的

处理办法。围绕该事件发生的始末，深入思考地方政府在土地利用管理过程中的行为表现以及造成的不良影响和危害。

具体目标：

① 充分认识地方政府的土地违法行为的危害性并探究土地违法行为产生的根本原因。

② 在保证政府公共权力的约束力和权威性的前提下，探讨采取何种措施才能有效防止政府土地管理行为的失灵。

③ 了解与案例有关的土地管理相关法律法规以及防范政府失灵的相关理论。

④ 使读者或学员认识到我国土地管理制度目前依然存在的缺陷，鼓励读者或学员对我国土地管理制度的完善进行不懈探索。

（2）适用课程

公共管理、土地资源管理、社会管理。

（3）适用对象

MPA 学员、土地资源管理学员、从事土地管理教学及科学研究的相关人员。

Ⅲ　启发思考题

① 案例中地方政府和国土资源局的土地违法行为的危害性体现在哪些方面？

② 案例中地方政府土地非法行为产生的内在驱动力的根源是什么？如何从制度上防止案例中地方政府的土地违法行为？

③ 如何建立良好的地方政府与中央政府的关于土地管理的互动合作关系？

④ 如何在土地利用管理过程中进行全程实时监督并建立有效的预防机制？

⑤ 采取哪些措施可以进一步提高政府关于征地决策的科学化水平与透明度？

⑥ 基于从严执法的角度对于土地违法行为惩治的建议。

Ⅳ　分析思路

第一，从公共管理和土地资源管理角度出发，引导读者或学员了解国家关于土地违法管理的相关法律法规和政策，认识非法占用耕地、违背土地利用总体规划的影响。再从土地可持续利用的角度出发，使读者或学员了解土地资源的不合理利用对社会、经济、生态环境造成的不利影响。

第二，深度了解该案例的始末，从事件一经曝光及地方政府和相关机构的管理不到位，再到国家的高调积极回应及从严整改。分析案例中三大主体即国家、地方政府、人民的利益关系，重点探究地方政府违法行为产生的内在驱动力的根源及土地违法行为的危害性。

第三，引导读者或学员大胆提出假设：

如果你是土地执法者，遇到该类事件应当怎样去处理？

如果让你代表政府，你会怎样去做？你会选择积极整改并加大打击力度，还是从根源上找原因并制订科学的管理规程（读者或学员可从土地利用外部不经济性的内在化处理以及土地利用管理决策的科学化、让公众参与决策从而提高决策的有效性、加强以法律手段治理土地违法的力度等方面考虑）？

第四，总结案例，对于该类事件所产生的后果从政府形象、从严执法、农民利益及生态环境等方面进行综合分析，再从治理手段上探讨营建多样化的综合治理模式，考虑对事件的事前预防、事中监督和事后惩处等方面三管齐下，建立良好的地方政府与中央政府的关于土地管理的互动合作关系，有效管制地方政府的土地违法行为，实现国家治理体系和治理能力现代化。

Ⅴ　案例知识点

(1) 核心概念

① 地方政府

根据“辞海”的解释，在中国国情下，地方是中央的对称，中央政府指国务院，地方政府是设置于地方各级行政区域内负责行政工作的国家机关。根据《中华人民共和国宪法》第一百零五条规定，只有地方国家行政机关——地方各级人民政府才是地方政府，地方各级人民代表大会、人民法院和人民检察院是地方国家机关，不属于地方政府。

② 土地违法行为

土地违法行为是指政府、单位和个人等社会行为主体违反土地管理法律、法规的行为，不履行土地管理法规定的义务或滥用权力与职权，应当追究法律责任的行为。依据原国土资源部出台的《查处土地违法行为立案标准》（原国土资源部 176 号），土地违法行为主要包括非法转让、破坏耕地、非法占地、非法批地和其他类型的土地违法行为五项内容。根据行为性质不同，分为土地违法行为和土地犯罪行为。

③ 地方政府土地违法行为

地方政府土地违法行为是指地方政府违反国家土地管理法律、法规行为的集合，即土地征收、审批、出让等过程中，地方政府不履行土地管理法规定的义务，滥用公共权力而应当追究法律责任的行为。具体包括以下四个方面：a. 地方政府土地违法行为的主体是省、市、县、乡各级地方政府；b. 地方政府实施土地违法行为的载体是地方政府工作人员；c. 地方政府土地违法行为侵害的是复杂客体，既包括我国土地管理制度和土地征收、审批、出让等公共权力，还包括地方政府工作人员职务行为的正当性和廉洁性；d. 地方政府土地违法行为具有主观上的故意性或过失性，客观上体现为滥用职权，徇私舞弊，违反国家土地管理法律、法规，损害公共利益或其他公民（农民）利益，具有一定的社会危害性。

④ 地方政府土地违法行为的治理

地方政府土地违法行为的治理是指政府、社会和个人通过认识和实践活动采取一系列治理方法，引导和规范地方政府在土地征收、审批、出让等土地管理活动中的行为，对地方政府土地违法行为进行监督和控制，并追究法律责任，从而最大限度增加社会公共利益。

地方政府土地违法行为的有效治理过程，实际上是在综合考虑多种影响因素的基础上，构建互动协作的多元化治理主体，形成保证各方关系完整性和可靠性的治理结构，采取多样化的治理手段，组成内部和外部相结合的治理模式，通过预防、监督、发现、制止、惩罚等治理机制，提高治理绩效的过程。

⑤ 政府失灵及其主要类型

政府失灵是指政府的活动或干预措施缺乏效率，或者说政府做出了降低经济效率的决策或不能实施改善经济效率的决策。

政府失灵的主要类型有：a. 政府内部性，又称政府自利性，就是指政府及其成员追求自身动机、目标与利益而非社会福利，是政府失灵的一种基本的或体制性的形式；b. 政府行为的外部性，政府行为的外部影响与外在成本就是政府行为的外部性。当政府干预对干预对象产生了正面影响即达到了干预目的，且这种正面影响的收益超出了政府行为的外在成本时，政府行为表现出正外部性或外部经济性。当政府干预对干预对象产生了负面影响即没有达到干预目的，政府行为表现出负外部性或外部不经济性；c. 政府特许经营，政府特许经营具有排他性与垄断性，弱化行业竞争，并给特许经营企业创造垄断利润。特许经营企业为获得牢固的特许经营地位或赚取更大的垄断利润，将以部分垄断利润为代价进行非生产性的寻租活动，甚至俘获政府及其成员，造成社会福利损失与政府失灵；d. 信息不完全和不对称，政府对社会失灵与市场失灵进行干预时存在信息不完全和不对称的困扰。信息不完全和不对称可能导致政府决策失误、执行不力与监管失当，典型情况是企业对政府的信息封锁迫使政府监管不到位；e. 政府被企业俘获，政府及其成员为了追求自身利益极大化会去主动创租，而且政府的一些制度安排，如政府特许经营，即使政府及其成员事先并没有创租意愿，但却无意间创造了额外租金，这种创租是政府的无意创租。企业寻租的成功意味着政府及其成员的俘获，一旦政府及其成员被企业俘获，将为企业获取更多的额外租金提供工具，从而极大地损失社会福利。

⑥ 失地农民社会保障理论依据

社会保障（潘光辉，2009）作为能够让全体国民共享发展成果的基本制度安排，近百年来逐渐成为世界上大多数国家社会发展的主体内容和社会文明进步的重要标志。社会保障是缓解贫困，实现社会公平，促进社会发展的重要手段。通过社会保障，能进行国民收入的再分配，缩小贫富差距，主要对低收入的贫困人口，采用国家和社会提供款物救助以维持其基本生活、对于失业者采取失业保险或再就业工程使其摆脱困境。而社会保障的筹集制度也使得生活水平高的收入阶层享受社会保障的机会少于生活水平低的低收入阶层，从而达到社会整体福利水平的提高。

失地农民是我国工业化和城镇化进程的产物，在失地以后，由于农民的文化素质较低，普遍缺乏工业化生产所需的生产技能，在参与城市就业市场竞争的过程中处于劣势地位，在失去土地的保障后无论是退路还是出路都将面临更高的风险，因而对社会保障和就业均有着强烈的需求（潘光辉，2009）。

失地农民是一个由各年龄段组成的复杂群体，对社会保障的需求是多种多样的，除了老年的风险外，还有应对短期内丧失收入来源的风险，又有因转移到非农产业就业所必需的培训、入学风险等。建立失地农民的社会保障是发展农村社会保障体系的一个重要契机，是逐步完善农村社会保障体系的重要措施。

（2）相关法律法规条款

①《中华人民共和国土地管理法》

第四十七条　国家征收土地的，依照法定程序批准后，由县级以上地方人民政府予以公告并组织实施。

县级以上地方人民政府拟申请征收土地的，应当开展拟征收土地现状调查和社会稳定风险评估，并将征收范围、土地现状、征收目的、补偿标准、安置方式和社会保障等在拟征收土地所在的乡（镇）和村、村民小组范围内公告至少三十日，听取被征地的农村集体经济组织及其成员、村民委员会和其他利害关系人的意见。

②《中华人民共和国土地管理法实施条例》

第三十一条　征收土地申请经依法批准后，县级以上地方人民政府应当自收到批准文件之日起十五个工作日内在拟征收土地所在的乡（镇）和村、村民小组范围内发布征收土地公告，公布征收范围、征收时间等具体工作安排，对个别未达成征地补偿安置协议的应当做出征地补偿安置决定，并依法组织实施。

③ 最高人民法院关于审理破坏土地资源刑事案件具体应用法律若干问题的解释

第三条 违反土地管理法规，非法占用耕地改作他用，数量较大，造成耕地大量毁坏的，依照刑法第342条的规定，以非法占用耕地罪定罪处罚：

1）非法占用耕地“数量较大”，是指非法占用永久基本农田5亩* 以上或者非法占用永久基本农田以外的耕地10亩以上。

2）非法占用耕地“造成耕地大量毁坏”，是指行为人非法占用耕地建窑、建坟、建房、挖沙、采石、采矿、取土、堆放固体废弃物或者进行其他非农业建设，造成永久基本农田5亩以上或者永久基本农田以外的耕地10亩以上种植条件严重毁坏或者严重污染。

④ 最高人民法院、最高人民检察院关于执行（《中华人民共和国刑法》）确定罪名的补充规定（法释〔2002〕7号）

第三百四十二条 （《修正案（二）》）非法占用农用地罪（取消非法占用耕地罪罪名）。

（3）案例分析

本案例由三部分组成。

第一部分：客观描述了某省区某县某乡土地违法事件的发生经过及地方政府和相关部门管理决策上的失误。

2009年5月，某省区某县县委、县政府在某乡启动了煤炭物流交易中心，力图打造集煤炭集运、洗选加工及外运销售的大型物流中心。某县人民政府下属的某煤炭物流交易中心陆续与村民签订协议，未经批准以18万元/公顷价格违法征地962.99公顷。交易中心先后与36家煤

* 1亩=1/15公顷。

场、洗煤厂等企业签订入园协议，将土地交由企业建设，违法建设占地449.58公顷，其中占用耕地283.43公顷，有44.42公顷不符合土地利用总体规划。

当年5月，某省区煤炭工业局下发一份《关于限期整顿某县煤炭市场的通知》，要求“某市在2009年底前，对某县某公路两侧无证非法煤炭经营摊点必须进行彻底清理取缔。清理取缔要制定切实可行措施，避免走过场”。通知进一步要求，对路两侧的煤炭市场进行重新规划，规划要高起点、高标准，建设成环保、高效的煤炭物流园区。

2010年，某县政府上报给某市政府的一份请示文件中对某煤炭物流交易中心占用土地有过这样的解释：“交易中心5平方公里的规划建设用地虽已列入新一轮土地利用总体规划大纲，但规划尚未验收，暂时不能应用；也不符合旧的土地利用总体规划，无法履行土地报批手续”。某市国土资源局上报给市人大办公厅的一份报告，更是直接指出：某乡煤炭交易中心虽有立项申请及市发改委文件，但没有办理土地审批及相关手续，构成了未批先建违法事实。

第二部分：通过事件的描述，反映了政府决策过程中由于缺少农民群众的参与而导致决策脱离实际，得不到公众的接受和认同，使得决策的有效性降低。

按照2009年某省区征地统一年产值标准和征地区片综合地价中确定的耕地补偿标准，某乡为Ⅱ级，标准为18万元/公顷，按照该标准，某县某乡煤炭物流交易中心，以18万元/公顷价格征用土地虽然符合标准，但在征地过程中存在着程序不规范、标准不统一、征地前期工作不到位及未批先建且不符合土地利用总体规划等系列土地违法行为。

第三部分：国家行政部门的高调回应和地方政府的补救措施以及产生的后续效果。

① 土地自查受质疑

2013年5月20日中央人民广播电台在“新闻纵横”节目中播发了某省区某市某县某煤炭物流园区非法用地的相关报道；5月20日，央广新闻“中国之声”栏目对某县某煤炭物流交易中心未批先建的土地利用行为进行了相关报道。在媒体深入曝光后，某县县委书记主持召开了由县长以及县纪检委、政法委、法院、检察院、宣传部、国土资源局、林业局、交通局、信访局等 14 个部门主要负责人参加的会议。同时迅速成立了由县长任组长，县纪检委、政法委、法院、检察院、国土资源局等部门负责人组成的专项调查组（某煤炭物流园区土地问题调查组），调查组入驻园区，开展调查工作，要求县委、县政府，对在土地使用过程中涉及的违法、违规的人和事严肃查处。县人民检察院全程参与调查、督导。但是这种裁判员运动员“一肩挑式”调查的公正性遭到了质疑。对于当地群众所提出的一系列质疑，调查组及相关政府部门也没有给予真诚的回应。

②“即时”挂牌督办

2013 年 5 月 30 日，国土资源部正式宣布，将某县某煤炭物流交易中心的土地违法用地一案，列为重大典型案件，挂牌督办。国土资源部也向某省区国土资源厅发出通知书，要求某省区国土资源厅按照规定，会同有关部门抓紧调查，并于同年 7 月 10 日前将处理意见报国土资源部，经国土资源部同意后负责落实。而这份挂牌督办通知书也同时抄报监察部、某省区人民政府办公厅、某省区监察厅、国家土地督察北京局。

③ 政府整改工作

严格规范交易中心用地。a. 撤销某煤炭物流交易中心，按照市政府的意见，拟与某铁路局合作利用现有场地建设某铁路综合货场。对原交易中心的建设规划和土地利用总体规划进行重新编制，将原交易中心分布散乱的建设用地压缩整合、集中联片，面积由原来的 1 000 公顷调整为 664 公顷，市政府同意评估修改某县土地利用总体规划，并将相关材料上报省区人民政府待批。b. 根据《中华人民共和国土地管理法》、《中华人民共和国民法典》、《中华人民共和国农村土地承包法》的相关规定，由县人民政府解除违规签订的征地协议和投资合同。待土地利用总体规划调整后，符合土地利用总体规划部分依法重新签订征地协议，依据相关程序办理征地转用审批手续，按照招拍挂方式供地，不符合土地利用总体规划部分，由用地企业与村民重新签订土地流转协议，由企业实施与农业相关的项目。c. 对已实际占用但未办理农用地征地转用和土地征收审批手续的351.08公顷土地，依据《中华人民共和国土地管理法》第七十九条的规定，由县人民政府全部收回土地，其中对不符合土地利用总体规划的77.49公顷项目用地，完成地上建筑物和各类附属设施的拆除并恢复土地原状，对符合土地利用总体规划的273.59公顷项目用地，全部做出行政处罚，依据相关程序办理征地转用审批手续，按照招拍挂方式供地。

严肃处理相关责任人。由县纪委监察局牵头，联合检察院、国土资源局等相关部门进行深入调查，对原某煤炭物流交易中心违法用地案涉及的相关责任人提出处理意见。

全面规范用地秩序。坚决取缔原交易中心非法煤炭经销摊点。严厉打击违法用地、违规建设。

(4) 案件的关键点

地方政府土地违法行为的治理以及如何从根本上消除土地利用外部性问题。

① 土地利用的外部性及其政府行为模式

土地利用的外部性是指土地利用中一个经济主体的行为，不通过影响价格而直接或间接地影响另一经济主体的经济环境和经济利益的现象。合理的土地利用方式会给他人带来有利的外部影响，即外部经济性。不合理的土地利用会对他人造成不利的外部影响，即外部不经济。这种外部不经济性的本质是经济个体利用土地资源的社会成本，即：

社会成本＝个人成本＋外溢成本（由第三者承担的成本）

一般情况下，土地利用者都会追求自身经济利益最大化，因而不会去承担外溢成本或支付治理污染的成本，这就要政府介入，采取有效的调控措施，使外部成本内在化，消除土地利用的外部不经济性。

政府既是公共利益的代表，又是公共权力的行使者，这种权力对全社会成员具有强有力的约束力和权威性。所以政府必须通过制定实施相关法律法规，明晰土地产权，规范土地使用者的行为。政府同时担负着保障土地资源配置的公平和效率，必须通过有效监督，制止土地利用外部不经济性的产生，使得土地利用的外部性内在化。如果政府在管理活动过程中，背离公共利益，只谋求其内部利益，则不仅会造成政府失灵，更会对社会全体成员包括土地使用者造成极大的损害，使政府形象受损。

② 制止政府行为的失灵是保持政府公信力和形象的必要手段

在保证政府公共权力的约束力和权威性的前提下，采取相应的对策制止政府行为的失灵是保持政府公信力和形象的必要手段。

1）加强公共决策科学化和民主化。决策依据的信息必须具有客观性和可检验性。决策依据的信息可以通过实地调查和科学实验加以量化，被人们了解认识，能够被检验。具体实施过程中可以采取吸收公众参与决策的模式。由于参与决策的公众通常是决策的目标全体，通过他们的参与做出的决策，会有较高的满意度，因而能够得到公众的认同、接受和执行，有利于提高决策的有效性。

2）建立良好的地方政府与中央政府的互动合作关系。理顺中央政府与地方政府的关系，按事权与财权对等的原则，划分中央政府与地方政府的事权与财权，并以法律的形式规范中央政府和地方政府的事权，以合理的税收制度规范中央和地方的财权，尽量使事权与财权对等。在中央和地方政府之间建立有效的互动合作模式，并使之制度化。建立科学的干部政绩考核标准，有效地促进地方和中央政府官员为公共利益协同行动。

3）强化监督机制和反馈机制。治理手段上采取多元化模式，在用常规方法对土地管理过程和效果进行监督的基础上，强化“3S”技术的应用，建立土地调查、土地监测体系，跟踪土地利用变化和土地管理的决策执行情况，通过管理信息系统或决策支持系统，反馈给管理决策层，协助其做出科学的决策。完善和健全土地法律体系，加大执法力度。

4）加强政府垂直管理。国土资源系统的垂直管理目前还不到位。本案例中地方政府的垂直领导只是领导该县国土资源局局长和副局长，其他人员全部由县财政发放工资，这样，进行国土资源违法监察的监督机制就不可能到位。因此必须垂直管理到底，即应该垂直到国土资源所的所有工作人员，包括乡土地所工作人员。

5）建立失地农民社会保障制度。建立失地农民社会保障制度，要切实保障被征地农民的合法权益，系统地保障农民失地以后面临的各种风险。出于效用最大化的目标，地方政府总是将有限财政用于优先安排促进地方经济发展的目标，尽量扩大地方财政收入，而对失地农民所面临的各种风险考虑不够全面。为改变地方政府的行为，有效保障失地农民的合法权益，以下措施值得考虑：一是建立全国统一的社会保障制度，为地方政府提供一个统一的制度平台；二是改变地方政府的政绩考核制度，将是否提供社会保障制度作为重要的考核内容；三是从土地立法的角度制定相关法律法规，保障失地农民的合法权益。

Ⅵ　课堂安排

案例主要以讨论的形式开展，教师按照班级人数划分小组，分发案例材料。按照对学生和学员的理解能力与思考能力的强弱合理分配课时。示例如下：

第一阶段：熟悉《中华人民共和国土地管理法》的相关条款及相关理论知识（20 分钟）

结合课前准备，教师有目的地引导学生和学员熟悉、了解土地管理法中相关条款和相关理论。

第二阶段：案例阅读与回顾（共 85 分钟）

1. 教师提出思考问题的方向，学生或学员开始阅读案例（20 分钟）。

2. 教师主持引导全部同学讨论（30 分钟）。

问题一：案例中地方政府和国土资源局的土地违法行为的危害性体现在哪些方面？

问题二：案例中地方政府土地违法行为产生的内在驱动力的根源是什么？如何从制度上防止案例中地方政府的土地违法行为？

3. 归纳总结（20 分钟）。

3.1　教师在介绍土地违法行为、地方政府土地违法行为、地方政府土地违法行为的治理等基本概念的基础上，对全班同学的讨论结果进行总结。

3.2　教师引导学生围绕土地利用的外部性问题，探讨土地违法行为产生的内在驱动力的根源并进行总结。

4. 课间休息（15 分钟）。

第三阶段：分组讨论，学生或学员记录讨论结果（30 分钟）

将学生分为 4 组，每组 5～6 人：第一组讨论“问题三”；第二组讨论“问题四”；第三组讨论“问题五”；第四组讨论“问题六”。

问题三：如何建立良好的地方政府与中央政府的关于土地管理的互动合作关系？

问题四：如何在土地利用管理过程中进行全程实时监督并建立有效的预防机制？

问题五：采取哪些措施可以进一步提高政府关于土地决策的透明度与科学化水平？

问题六：基于从严执法的角度对于土地违法行为惩治的建议。

要求：每组必须做记录，各组推选 1 名汇报人员，向全班汇报本组讨论结果。

第四阶段：汇报讨论结果，梳理主要观点，整理讨论结果（45 分钟）

5. 各小组汇报讨论结果，对每个小组的汇报结果，鼓励学生或学员勇于批判、大胆设想——你作为某县国土资源局局长——公共管理者，当该事件发生时如何应对？你作为县政府领导——公共管理组织者，如何处理该事件？对该案例中县政府和国土资源局的反应行为你做何评价？

6. 对案例涉及的核心概念与问题、争论焦点与困惑予以正确疏导并做总结。

4.2 案例2："房票"式安置的实践与成效

4.2.1 案例正文

"房票"式安置的实践与成效[①]

——以内蒙古鄂尔多斯市为例

摘要：本案例首先描述了内蒙古鄂尔多斯市，在2011年房地产泡沫后，市区内房地产建成及在建项目库存未售面积达1 286万平方米（其中住宅未售面积607万平方米、3.39万套住房），成为典型的房地产过剩的三线城市的现实。其次面对大量库存压力和棚户区改造的困难，在上级部门政策引导下，大胆尝试实行房地产新政——"房票"制度，有效解决库存、盘活存量住房市场、激活社会经济快速发展的事件。整个事件客观反映了政府作为公共管理活动的一个重要主体，在社会主义市场经济活动中的宏观调控作用和微观管理活动的重要性。案例期望做到，通过深入思考，在利益驱动下地方政府如何防止政府失灵及在房地产市场中政府角色的定位问题，从而基于不同地域特点发挥地方政府行为对房地产的积极效应，为实现地方房地产市场健康、持续、稳定发展提供依据。

关键词：房地产市场；"房票"式安置；鄂尔多斯市

引言

鄂尔多斯（Ordos），是内蒙古自治区下辖地级市，位于黄河几字弯，河套腹地，地处内蒙古自治区西南部，西北东三面被黄河环绕，即东部、北部和西部分别与呼和浩特市、山西省忻州市、包头市、巴彦淖

① 本案例来源于网站报道，相关网址见参考文献［17］～［23］、［25］、［26］。

尔市、宁夏回族自治区、阿拉善盟隔黄河相望，与乌海市隔甘德尔山接壤；南临古长城，即南部隔长城与陕西省榆林市接壤，毗邻晋陕宁三省区。曾因煤炭行业的兴盛而在西部迅速崛起，也曾因房地产泡沫、民间借贷断裂而闻名全国，其规划建造的康巴什新区也一直被冠以“鬼城”的称谓，这个地域面积相当于浙江省，人口只有185万人口的地级城市，也一直以楼市库存量巨大，去库存难度巨大而成为三、四线城市的典型代表。而随着“房票”制度的有序运行，似乎正在对楼市库存的消化、烂尾楼的完工、民间借贷的解决以及其他社会矛盾的化解产生着微妙影响。

各地区、各有关部门要紧紧围绕推进新型城镇化的重大战略部署，进一步加大棚户区改造工作力度，力争超额完成目标任务，并提前谋划2015—2017年棚户区改造工作。各省区市人民政府对本地区棚户区改造负总责，要加强对市、县人民政府棚户区改造工作目标责任加以考核，落实市、县人民政府具体工作责任，完善工作机制，抓好组织实施。国务院各有关部门要依据各自职责，密切配合，加强对地方的监督指导，研究完善相关政策措施。要广泛宣传棚户区改造的重要意义，主动发布和准确解读政策措施，深入细致做好群众工作，营造良好社会氛围，共同推进棚户区改造工作。

——《国务院关于加快棚户区改造工作的意见》

对市场上商品住房存量中的大户型住宅，属于棚户区改造被安置户的，且对单户中超过安置标准的部分有购买意愿但暂时无能力的，在5年内，可以通过政府担保、开发企业持有产权、享受公共租赁住房优惠政策等方式使用；属于改善性需求的购房者，如原有住房已出售，可享受只对新购买商品住房超过原有面积部分征收契税政策。

——《内蒙古自治区人民政府关于做好房地产去库存工作进一步促进房地产业稳步发展的意见》

改进配套设施规划布局。配套设施应与棚户区改造安置住房同步规划、同步报批、同步建设、同步交付使用。编制城市基础设施建设规划，应做好与棚户区改造规划的衔接，同步规划安置住房小区的城市道路以及公共交通、供水、供电、供气、供热、通讯、污水与垃圾处理等市政基础设施建设。安置住房小区商业、教育、医疗卫生等公共服务设施，配建水平必须与居住人口规模相适应，具体配建项目和建设标准，应遵循《城市居住区规划设计规范》要求，并符合当地棚户区改造公共服务设施配套标准的具体规定。

——《关于进一步加强棚户区改造工作的通知》

房地产开发企业中的一般纳税人，出租自行开发的房地产老项目，可以选择适用简易计税方法，按照5%的征收率计算应纳税额。纳税人出租自行开发的房地产老项目与其机构所在地不在同一县（市）的，应按照上述计税方法在不动产所在地预缴税款后，向机构所在地主管税务机关进行纳税申报。一般纳税人提供非学历教育服务，可以选择适用简易计税方法按照3%征收率计算应纳税额。纳税人提供安全保护服务，比照劳务派遣服务政策执行。

——《关于进一步明确全面推开营改增试点有关再保险、不动产租赁和非学历教育等政策的通知》

Ⅰ 鄂尔多斯市房地产泡沫的形成与破裂

鄂尔多斯位于内蒙古中部，地理坐标为北纬37°35′24″～40°51′40″，东经106°42′40″～111°27′20″，东西长约400千米，南北宽约340千米。境内分布有库布齐、毛乌素两大沙漠，土地总面积8.7万平方千米，下辖七旗二区，总人口150万人，为国家级贫困地区。2000年地区生产总值为150亿元，财政收入15.7亿元，城镇居民人均可支配收入为5 502元，农牧民人均纯收入为2 453元。鄂尔多斯资源丰富，可以用“扬眉吐气”四个字来形容其羊绒、煤炭、稀土、天然气四大资源。其中煤炭是鄂尔多斯的优势资源，主要特点是储量大、埋藏浅、易开采。由于煤炭资源丰富、区位优势明显、发展潜力巨大而成为国家重要的煤炭生产、转化与输出基地，煤炭资源拥有量、年产煤量均名列全国各地城市之首，也是21世纪中国最重要的能源生产供给基地之一。煤炭为这个城市创造了一个又一个暴富神话，也在地区生产总值贡献中成为最耀眼的明星，同时也成为拉动鄂尔多斯社会经济快速发展，特别是房地产市场急速发展的主要动力。

2003年以来，伴随着鄂尔多斯煤炭开采高潮的到来，资本迅速向房地产涌入。2004年政府开始在荒漠中兴建新区，总投资50多亿元。2005年后，城市化建设成为鄂尔多斯市政府的主要工作之一，“拆旧楼、盖新楼”的景象遍布鄂尔多斯全境。仅2011年一年，鄂尔多斯市城区计划拆迁300万平方米，几乎是过去5年的一半。而通过拆迁补偿，煤炭和房地产资金流入民间，许多鄂尔多斯人一夜暴富起来。富裕起来的鄂尔多斯人，又通过民间信贷的方式，让资金重新流回煤炭和房地产，尤其是后者。

煤炭资本涌入房地产市场和政府希望通过发展房地产改变单一经济结构、促进经济增长的愿望二者叠加到一起时鄂尔多斯市房地产泡沫已经悄然开始。从2005—2010年的住宅房价变化趋势图（图4-1）上可清晰地发现，房地产市场已经进入一个景气循环的过热阶段，土地二级市场（即土地使用权出让后的再交易，土地使用者将达到规定、可以交易的土地使用权，进入流通领域进行交易的市场），已经发出了供给大于需求的失衡信息。此时，政府作为土地市场运行宏观调控者应该及时捕捉信息，对土地市场采取合理的调控措施，使供给大于需求的房地产二级市场（是土地使用者经过开发建设，将新建成的房地产进行出售和出租的市场，房地产二级市场也包括土地二级市场，即土地使用者将达到规定可以转让的土地，进入流通领域进行交易的市场）趋于平衡才对，但由于政府也期望让房地产持续发展，增加经济效益，从而忽略了这种地产市场反馈的信息。因此房地产持续高涨，进而带来投资需要的高涨，但由于受中国银行业信贷数量限制，导致当地资金饥渴，民间资本通过高利贷的形式流向疯狂的房地产。报告显示，鄂尔多斯银行系统至2011年2月底，房地产开发贷款余额仅59.7亿元，而鄂尔多斯市房地产业此时的投资规模为360.7亿元，其中来自银行的支持不满17亿元，其余资金均来自有“煤”背景的民间资本。因为煤炭，房地产有了建设资金和消费市场，房屋在鄂尔多斯已经失去了居住价值，完全变成一种纯投资产品。大家买房以后不急于出售或者出租，而是急着去抵押，再去做民间借贷获利，其基本模式是：交 30%的购房首付款—从银行按揭剩下的 70%—再拿房屋作抵押获得银行贷款（年息 7%）—将贷款用于放高利贷（利息按月计算，月息 3%～6%）—再买房—房屋抵押套现—放贷赚钱—再买房……这样一种不健康的循环模式吸引了更多的鄂尔多斯人。当时鄂尔多斯人只要有钱就去放贷，放贷赚到钱再去买房子，买到房子再用房子抵押套现去放贷，放贷赚钱后再去买房子……2010 年鄂尔多斯市二手房成交量只有 17 万平方米，不到一手房成交量的 4%。房地产实际施工面积 2 696 万平方米，商品房销售面积1 009.4 万平方米，鄂尔多斯市区人口只有 35 万人，因此市区居民几乎人均拥有 3～4 套房，如果在建项目全部完工，人均将拥有 10 套房。在煤炭经济的支持下，鄂尔多斯几乎全民放高利贷，一年利息 36%，利滚利，很快资产就能翻番。最为“疯狂”时，市内只要有楼盘开盘，立即就被抢光。在 2011 年泡沫破灭前，鄂尔多斯的房价均价已经达到了 1.3 万元/平方米左右，有的地区甚至突破 2 万元/平方米。这种畸形的经济增长和房地产市场的发展，也推动了物价的飙升，2010 年，鄂尔多斯 100 平方米的普通住房，年租金 5 万元很正常，小旅馆的床位达到 1 800 块钱一个月。只有公司提供食宿，打工的人才能支付食宿费而留在市区继续工作，否则通过打工很难维持正常的生活。这也从另一个方面说明，鄂尔多斯没有什么低利润的服务性企业，成为一个房地产市场畸形发展的城市怪胎。从住房买卖双方来看，基本没有外地买家，都是当地居民自我买卖，内部循环。在这种循环中，一旦某个资金环节出现问题，购买力将立即消失。所以市场结构单一、土地二级市场—房地产市场的严重失衡现象已经完全暴露，房地产危机、泡沫的破裂处于一触即发的状态。

2011 年随着国家实施严格的房地产调控政策，鄂尔多斯市房地产市场受到冲击，导致整体销售下降，部分楼盘开始出现积压。2012 年，支持鄂尔多斯繁荣的“黑金”——煤炭价格开始下跌、受国家宏观调

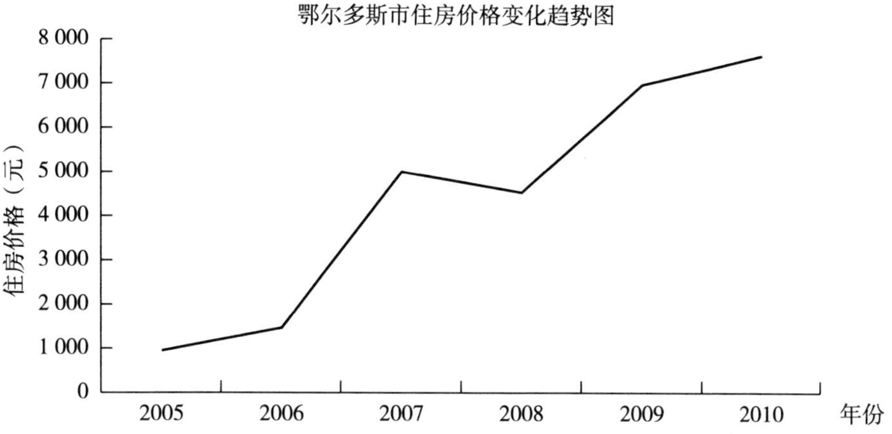

图 4-1 2005—2009 年鄂尔多斯市住房价格变化趋势图

控、银行收紧银根、银行信贷规模受到控制等多方面因素的影响，房地产市场资金链条开始断裂，房地产市场形成新的恶性循环模式，即支付购房首付款—余款贷款不到位—高利贷消失—房地产商资金无法回笼—无法偿还高利贷—无法继续建造房屋……

据统计，2010 年以后，鄂尔多斯市房地产开发资金 70%为高利贷，总规模在 2 000 亿元以上，在房地产市场形成新的恶性循环模式，导致 2 000 亿元的资金难以收回，这也就意味着鄂尔多斯大多数人，一生的积蓄和近几年疯狂投资的收益成为泡影。从而引发了多起鄂尔多斯高利贷资金链断裂案件爆发，例如涉案超过 10 亿元的“苏叶女案”和涉案 2.63 亿元的“王福金案”，带来了严重的社会问题。

2014 年开始，鄂尔多斯市政府对土地供给采取了相应的管控措施，2014 年第十二届全国人民代表大会第二次会议内蒙古代表团举行团组开放日活动，审议政府工作报告，回答记者提问时，鄂尔多斯市市长表示，鄂尔多斯市 3 年内将不再新建商品房。截至 2016 年 6 月，东胜区建成和在建项目库存未售面积达 1 286 万平方米，其中仅住宅未售面积就达 607 万平方米、3.39 万套，成为典型的房产过剩的三线城市（图 4-2）。

图 4-2　未完工的房屋

Ⅱ “房票制”助力鄂尔多斯楼市去库存

对于每个房地产过剩的城市来说，去库存都是一道难题。在鄂尔多斯市，去库存更是当地房地产市场急需解决的一大难题。

2016 年始，全国多地打响房地产“去库存”攻坚战，推出包括降税、补贴、公积金、租售并举等在内的去库存一揽子政策，住房保障提高货币化安置比例成为去库存的有力支撑。从中央和地方提出的措施看，去库存的方向，一是加快农民工市民化，满足新市民住房需求；二是挖掘原住居民的购房潜力。对此，内蒙古自治区政府也研究制定了简政放权、减税降费、金融扶持、合理确定最低工资标准等一系列政策措施。鄂尔多斯市政府在库存重压及自治区政府政策引导下，将拆迁安置纳入楼市去库存中，推出了“房票”制度。

“房票”原指业主购买房屋时所产生的一切票据，包括购房发票、完税证等，在一些文学作品中也指缴纳房租的收据。“地票”，是指包括农村宅基地及其附属设施用地、乡镇企业用地、农村公共设施和农村公益事业用地等农村集体建设用地，经过复垦并经过土地管理部门严格验收后所产生的指标。企业购得的地票，可以纳入新增建设用地计划，增加相同数量的城镇建设用地。在鄂尔多斯市，“房票”全称叫鄂尔多斯市东胜区房屋兑换凭证，发放对象是以征收房屋为主的拆迁户；“地票”则是土地兑换凭证，发放对象是以征收土地（宅基地）为主的拆迁户。这两个“票”成为拆迁户购买新房的有价凭证。“房票制”推出后，政府公开竞标征收房源制作“房票”，拆迁户领取“房票”，自主选房自由转让。票面价值从1～100平方米不等，共有7种面额，分别为1平方米、2平方米、5平方米、10平方米、20平方米、50平方米、100平方米（图4-3）。每张“房票”都标有平方米数、地段类型、每平方米单价、兑付截止日期等主要信息。为了顺利推行“房票制”，鄂尔多斯市东胜区成立了专门的房屋与土地兑换凭证管理结算中心，负责东胜区房屋兑换凭证（房票）和土地兑换凭证（地票）的发行、兑换、转让备案、结算和注销等工作（图4-4）。

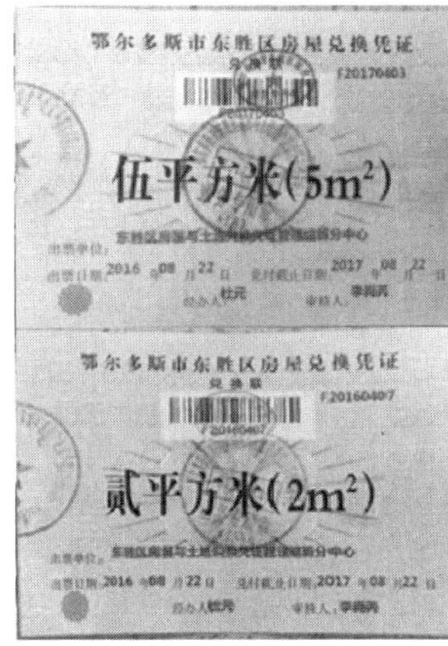

图4-3 不同面额的“房票”

图4-4 东胜区结算中心及等候选房的拆迁户

(1)“房票”让市民不再“望楼兴叹”

居住在鄂尔多斯东胜区林荫路的陈某已经62岁，他在街道社区的老屋里已经住了20多年。房子年久失修，每到夏天进入雨季，常常是“外面下大雨，屋里下小雨”。多年来，陈某一直希望能买套楼房，改善居住条件。但在鄂尔多斯市前些年繁荣的房地产面前，陈某只能“望楼兴叹”。“房票制”推出后，他立即到社区进行了登记。2016年6月30日，陈某将自家150平方米的旧平房兑换成了189平方米的“房票”，之后他用“房票”在鄂尔多斯两个不同楼盘里分别置换了两套新房，不久可住进新房。市民张某是鄂尔多斯市伊金霍洛旗阿腾席热镇的居民，一家5口人挤在棚户区80多平方米的低矮平房里。5年前，当地政府实施棚户区改造，这让张某一家兴奋不已。然而住楼房的梦想在合同上一躺就是4年。因为经济下行，回迁房始终盖不起来。2015年底，在当地政府的支持下，由国有性质的房屋运营公司发售房屋兑换凭证“房票”，供棚户区居民挑选自己中意的房屋后，张某拿着“房票”回迁，在较好的小区里找到了心仪的房子。张某开心地说，目前房子装修完毕，就等搬家。

根据《东胜区房屋“产权共有”实施办法》，拆迁户在没有结清房屋剩余面积房款时，可以选择按揭、出租、担保等模式先行入住。但是，该房屋产权归拆迁户和政府共有。这类“产权共有”的房屋，差额部分面积不得超过兑换房屋面积的30%。

市民李某就准备利用这个政策给自己置办一套新房。他看上了一套100平方米的住房。李某告诉记者，他现在手上有40平方米的“房票”，准备再以七五折的价格购买30平方米的“房票”。有了这70平方米的“房票”后，他就可以向政府申请利息较低的专项贷款，分期按揭。“房票”政策的自愿公平公开、可多次转让及“房票制”与棚户区改造的有效结合，客观上加快了部分库存的消化。

市民王某自家的平房所在位置较偏远，距离街中心和设施服务较便利的市中心较远。王某对自己原有的住房所兑换的房源不满意，他希望可以兑换现金，然后在自己满意的位置上购买新房，而“房票”可以转卖的这一举措给市民王某解决了实际问题，让王某很开心。

部分“改善型”家庭手中的“房票”价值，不足以兑换选中的新房，他们可选择用现金直接弥补差价，也可以购买“房票”。“房票”交易由买卖双方自愿，自由兑换，票面价值可打6～7折，政府不干涉，但交易双方需要到结算中心办理实名备案手续。按照征收补偿方案规定，拆迁户用“房票”兑换房屋时，在“公开选房、先签协议先选房”的原则基础上，按叫号系统分配的顺序选取房源。首批公布的房源以及后续将要推出的房源，都会在政府的房源信息平台上公布，拆迁户从中挑选自己心仪的房源。

另外，胸前挂着“买房票”、“卖房票”牌子的群众也格外引人注意。一名“卖房票”的大妈说，她是东胜区下辖某乡镇的居民，通过棚户区改造，拿到了“房票”，给女儿在市区换了一套170平方米的房子，但她还想在市中心优质地段再买一套，于是从别人手里买了一张100平方米的“房票”，不过优质地段的房子选的人多，自己没能选上，于是打算再把这100平方米的“房票”卖掉，大妈说：“按6.5折，折扣跟我买的时候一样”。

（2）开发商为“房票”叫好

一家开发商负责人在接受采访时说：“老百姓用房票兑换了房屋后，我们会拿房票去找政府兑现。政府每年都会根据房价、小区位置以及项目完成程度等多项指标，面向社会公开竞标收购房源。入选房源最后敲定的房价，会充分参考当前的市场价。政府通过公开采购向我们购买的房源，目前除去5%的质保金外，已经全部结清房款了。我们公司现在再次中标80多套房子，这可为我们这些房地产企业去库存帮了大忙”。

在“房票”政策实行以前，受房地产经济泡沫的影响，鄂尔多斯市棚户区改造和拆迁后的重建工作也陷入困境，由于房屋不能按时交工，回迁户无法按时入住，导致开发商与回迁户之间的矛盾逐渐加剧。诸如此类的社会问题，也影响了社会经济的稳定发展。在2016年初，根据住建部和内蒙古自治区政府提出的通过棚户区改造加大去库存的要求，鄂尔多斯东胜区出台了棚户区改造26条配套方案，针对国有土地上的房屋征收补偿、规划区内的集体土地征收补偿方案做出修订，创新性地提出房屋兑换凭证实施办法。其主要内容是对棚户区拆迁户不再以货币补偿而是发放“房票”，再利用国家棚户区改造优惠政策获得政策性贷款，用以回购开发商已建、在建甚至烂尾停工的商品房项目，拆迁户凭

“房票”自主选房。

所以，开发商与政府联合实行的“房票”对于开发商来说是很好的“复兴之路”，不仅帮助开发商收回了投入成本，也减少了像“烂尾楼”这样的资源浪费，拯救了开发企业，更缓解了开发商、政府与回迁户之间的矛盾。

（3）“房票”激活存量房地产市场

“房票”去库存带来了多大效果？东胜区房屋与土地兑换凭证管理结算中心提供的统计数据显示，截至 2016 年 6 月底，东胜区建成、在建住宅存量面积 3.39 万套、607 万平方米。到 10 月初，已消化住宅存量 9 801 套、169 万平方米；共发放“房票”68.5 万平方米，兑换房屋 2 275 套、面积 32.99 万平方米，其余“房票”正在兑换中。

鄂尔多斯市东胜区房屋与土地兑换凭证管理结算中心副主任说：“过去，我们进行棚户区改造，采用的方式多为原址回迁加货币补偿。在实践过程中，我们发现原址回迁不涉及市场上的存量房，跟去库存更是搭不上边。货币补偿也不能保证所有的现金补偿都会流向存量楼市，‘房票制’的推出，不但提高了拆迁速度，对盘活存量住房市场的效果也十分显著”。

在鄂尔多斯市东胜区房屋与土地兑换凭证管理结算中心业务大厅内，经常出现熙熙攘攘、人声鼎沸的景象。前来办理业务的人群手拿“房票”和“现场预约选房确认书”，排着队等候办理。“房源信息公布”的 LED 显示屏上，不停地跳动着房源编号、小区名称、楼号、单元号、楼层、房间号、面积、单价、总价、交工时间、状态、兑换时间、类型等信息。现场的一些办理业务者时刻关注着 LED 显示屏上跳动的信息。

鄂尔多斯市东胜区房屋征收管理局副局长表示：“我们当初的期望就是通过棚户区改造，一方面解决棚户区居民的住房问题，另一方面结合去库存工作，让棚户区居民直接换入未售或在建的商品房中，解决部分好位置在建工程的去库存问题。通过将棚户区改造资金注入开发商，帮助他们完成在建工程”。

截至2016年11月，结算中心接到有意拆迁的登记数为国有土地上平房5 200套、危旧楼房481套；城中村集体土地上房屋2 800套；已经发放“房票”总值1.2亿元，其中120套价值6 000余万元的房屋已经完成兑付。

(4)“房票”制度对所辖旗县的带动作用

伊金霍洛旗是内蒙古自治区鄂尔多斯市下辖旗，地处鄂尔多斯高原东南部、毛乌素沙地东北边缘，北靠东胜区与康巴什区，隔乌兰木伦河相望，东与准格尔旗相邻，西与杭锦旗接壤，南临乌审旗、隔长城与陕西省交界。土地总面积5 600平方米，下辖7个镇138个行政村，2011年户籍人口16.7万人，其中少数民族人口1.3万人，占全旗总人口的7.78%。2010年至2012年实施的3 000多户棚户区改造工程（简称棚改）积累了许多矛盾，主要是拆迁之后开发商资金链断裂，回迁安置房迟迟不能完工或兴建。

为加快伊金霍洛旗棚户区（城中村）改造进程，统筹城乡发展，保障国有、集体土地被征收房屋所有权人合法权益，根据国家、自治区、鄂尔多斯市的相关法律法规，结合本地区实际情况，本着公开透明、公平公正、尊重历史的原则，制定了《伊金霍洛旗棚户区改造国有、集体土地及地上物征收指导意见》。

2016年1月4日，伊金霍洛旗政府相关部门经过反复研究制定方案，由政府贷款，在市场中先行采购安置房，通过发放“房票”的形式，由群众在“房屋超市”中自由选房。老百姓拿着“房票”，去政府搭建的房源信息平台用房票兑换自己满意的房子，然后开发商再拿“房票”和政府结算。“房票”使伊金霍洛旗棚户区改造安置难题得到快速解决。之前的两年半时间里，政府费尽周折总共安置2 421户，而“房票制”出台不到2个月，便兑换了710户。

聂某透露，伊金霍洛旗共发放10万平方米房票，监测显示，所有的“房票”都在二级市场中最少流通过一次，粗略地按每平方米3 000元计算，首次交易的金额就达3亿元。聂某说：“一张‘房票’带活一座城，让库存随票而去，让资金、资产随票流动，只有想方设法让沉睡的资金活跃起来，城镇经济发展才能保持强劲动力”。

“对于半拉子工程，‘房票’也在发挥积极作用。”聂某说，此前伊金霍洛旗，有43个小区因购房者拖欠开发商款项而导致停工，“房票”出台后，购房者可以在二级市场中购买回迁户手中的“房票”，也可以抵顶对开发商的欠款。同时，政府成立国有房屋运营管理公司，允许有安置任务的开发商用土地或房产做抵押，政府为其发放贷款，设立共管账户，按工程进度付款，督促开发商尽快完善小区功能。因此在“房票”制度推行过程中，政府相当于拿出1块钱办了三件事，既盘活了房地产企业，又解决了回迁安置问题，还防止了“半拉子”工程烂尾。为了鼓励拆迁，当地政府提高了对棚户区居民的补偿标准，规定在三个月内签订房屋产权调换的被征收人，可按被征收房屋建筑面积评估价格的30%给予奖励。也就是说100平方米的房子可兑换130平方米的房票，这在很大程度上吸引了拆迁户的参与。

伊金霍洛旗的成功经验被逐步完善、复制，并在各区推广。

Ⅲ “房票”去库存中存在的问题

(1)“房票”市价低至6.6折

据统计，在鄂尔多斯市已发放的68.5万平方米房票中，有1/3在市场流通过程中相比最初推出时，房票变现折扣从8折降至6.6折，当地拆迁户高某在兑换房屋后手中还有30平方米的房票，他说：“现在这个票拿在手里很心痛，100块的东西拿在手里卖出去只有60块，这谁也不愿意”。

(2) 选房难

一名当地拆迁户对记者说，他已经在兑换中心排了一个多月的队，当他要选房时心仪的房子已经没有了。选不到房，“房票”就是一张废纸，等到一年过去后，“房票”就没用了。

据了解，兑换中心的房源，位于市区内的各个地段，而受居民欢迎的往往是那些地段好的现房小区，而位置相对较远的期房，一般不受青睐，因此这类房屋一般相对冷清。由此一来，选中一套满意的房屋，拆迁户们仍然需要一些运气。而对于一些改善型住房需求的人来说，观望的可能性又有所增加。

(3) 对于“房票”制的质疑

目前“房票”政策只在鄂尔多斯市老城区东胜区和伊金霍洛旗各自推行，政府的方案也在不断补充调整，在全市范围内实现房屋与土地兑换凭证流通，打通各旗区自由兑换的方案，还在研究制定中。在推行过程中也有些争论，比如“房票制”符合规定吗、安全吗等方面的质疑仍然存在。面对“房票”价格震荡下行现象的担心普遍存在，所以人们接受新事物还需要有个过程。

通过“房票”去库存，拆迁户兑换新房有了更多的选择权，但新政的实施效果，还有待于时间的检验。

Ⅳ 结束语

土地资源的流动带动了社会物质资源的流动和再分配。城市土地市场的正常运行与城市土地的供需密切相关，城市土地供需平衡是个动态平衡，它总是从暂时的不均衡走向均衡的趋势。城市土地市场供需不均衡有4种情形，第一种不均衡情形是城市土地一级市场土地供过于求，此时的具体表现为城市开发区土地大量闲置；第二种不均衡情形是城市土地一级市场供不应求，具体表现为城市建筑密度和容积率极高；第三种不均衡情形是城市土地二级市场土地供过于求，此时的具体表现为大量的房地产未脱售而空置；第四种不均衡情形是城市土地二级市场供不应求，具体表现为居民住房和商业性用房极为紧张。由于城市土地供需不平衡易于观察和分析，因此，据此我们即可判断一个国家和区域城市土地供需，是否处于平衡状态。从鄂尔多斯市房地产市场的实际情况来看，2003—2010年期间，土地市场涌现出大量的未脱售房地产及一群群（不仅仅是一座座）烂尾楼，深入城内，看到的是一座座宽敞、时尚、整洁、壮观的现代化城市，遗憾的是这么漂亮的城市，没有人气。由于房地产大量空置，无人居住而被称为“鬼城”。这种随房地产市场供大于求而导致的“鬼城”的出现，就是土地供需失衡的具体表现，也即鄂尔多斯市城市土地二级市场出现了极为明显的供过于求的不均衡现象，此时政府作为市场宏观调控主体，其职责是及时采取相应的微观管理措施，使其逐步趋向于均衡，充分发挥宏观调控机制的作用。

政府宏观调控的具体措施应为：首先，控制一级市场土地增量供给。若增加一级市场居住用地的供给，一级市场居住用地的需求及二级市场居住用地的供给会增加，因此首先要通过控制一级市场居住用地的供给，以达到控制二级市场居住用地供给的目的。其次，适度降低商品房价格。通过减免有关商品房销售税费，降低贷款利率，促使开发公司降低现时商品房售价，以刺激居民购房行为，从而达到扩大二级市场居住用地需求的目的。最后，在我国还应坚持住房货币化分配的政策不动摇，扩大二级市场的有效需求、大力实施各项惠民利民政策，提高居民收入水平，从而达到增大二级市场居住用地需求并使之趋近二级市场居住用地供给的目的。

但鄂尔多斯市政府在房地产市场已经出现超乎寻常的“繁荣”景气时，却没有及时采取有力的调控措施，而是任其发展后出现了大量住房库存，从政府在土地管理中的行为模式看，是否为一种政府失灵？

从土地市场的运行及土地市场秩序的形成来看，它涉及土地市场的运行机制，土地市场的运行机制包括市场机制和宏观调控机制。在自由市场中，市场机制像一只“看不见的手”，调节着市场的运行，它主要包括供给机制、竞争机制和价格机制，其核心是竞争机制，如果竞争机制不完善，价格和供需之间就会失去联系或联系不密切，即价格对供需的变动没有反应或反应不灵敏。由于市场存在着缺陷，市场机制存在着失灵的一面，单纯依靠市场机制的调节作用不能使市场运行达到有序状态，为了维护土地市场秩序，政府必须对房地产市场运行进行宏观调控，以弥补市场机制的不足。就二者的关系来看（图 4 - 5），政府宏观调控措施的制定必须以市场为依据，并在市场运行中进行检验和纠正，才能提高其科学性，政府宏观调控意图要通过市场机制来贯彻，调控目标要在市场运行中实现。反过来，对于市场机制的运行，政府宏观调控为市场运行导航、规定市场发展方向，克服市场机制在利益关系上的局限性和调节活动中的短期行为。宏观调控还可以完善市场运行条件，为市场机制发挥积极功能提供必要的前提。

图 4－5　宏观调控机制与市场机制的关系

从鄂尔多斯市房地产泡沫产生到房地产去库存的实践来看，政府的宏观调控和微观管理显得尤为重要，地方政府行为对房地产的积极效应，可较好地推动市场机制的有效运行。

从土地管理的调控类型来看，有预先调控、过程调控和后果调控三种，其中后果调控需要排除干扰，纠正偏差而制定相应的政策，采取必要的补救措施。2014 年以来鄂尔多斯市政府面对供大于求的房地产市场，采取了三年不再批建商品房的土地管控政策和出台了基于去库存与棚户区改建的房地产新政——“房票”政策，这些政策的有效实施，对鄂尔多斯市房地产泡沫及破裂带来的巨大房地产闲置、空置等不良市场状况起到了良好的补救作用，使失衡的房地产市场逐步恢复到了均衡的状态，从而推动了整个社会经济的健康稳定发展。这也说明，为维护房地产市场秩序，在利益驱动下，政府作为公共管理活动的主体，如何正确、积极干预市场显得尤为重要。

因此，政府宏观调控和市场机制既不是一种对立关系，也不是一种横向关系，而是一种纵向关系。市场机制这一“无形的手”和政府宏观调控机制这一“有形的手”只有在相互促进中，才能有效防止各自可能出现的缺陷，推进市场的有序发展。从具体作用来看，市场机制直接作用于市场主体的活动，宏观调控通过市场机制间接作用于市场主体的活动。

鄂尔多斯在蒙语里意为“众多的宫殿”，现在看来，这个名字与这座城市的去库存压力达成了一种巧合的默契。通过“房票”去库存，安置拆迁户，从而盘活经济，这一切，鄂尔多斯正在摸索前进。

Ⅴ 思考题

① 案例中房地产泡沫产生的根源是什么，如何从制度上防止房地产泡沫的产生？

② 如何防止房地产市场的失衡？对于已经失衡的房地产市场应如何进行宏观调控和微观管理？

③ 作为公共政策的制定者，地方政府如何确定其合理有效的行为模式？

④“房票”政策在解决去库存问题的同时是否会带来其他的问题？

⑤ 如果你是决策者，对于进一步完善“房票”制度，有什么设想？

4.2.2 案例使用说明书

“房票”式安置的实践与成效

Ⅰ 课前准备

（1）熟悉《中华人民共和国城市房地产管理法》中关于国有土地上房屋征收与补偿及被征收人可以自主选择货币补偿或者房屋产权调换等内容。预习了解《土地管理学》中关于土地市场管理的内容。了解“公共管理学”中关于公共政策的设计、执行方面的相关理论。

（2）课前思考题：结合案例，思考在当前房地产市场运行中政府角色定位及“房票”制度的进一步完善。

（3）明确案例具体教学目的，制定详细的教学计划，设计课堂活动实施方案。

（4）准备其他与教学相关的材料以及硬件设施。

Ⅱ 教学目的与用途

（1）教学目的

使学生或学员了解《国有土地上房屋征收与补偿条例》及国家对去

库存的处理方法。围绕房地产泡沫的产生及“房票”式安置的实践，深入思考地方政府在利益驱动下的行为模式及作为公共管理活动的一个重要主体，在社会主义市场经济活动中的宏观调控作用和微观管理活动中的重要作用。

具体目标：

① 充分认识房地产泡沫产生的根源及在利益驱动下地方政府如何防止政府失灵。

② 明确政府在社会主义市场经济活动中的宏观调控作用和微观管理活动中的重要作用。案例期望引导学生或学员深入思考，在利益驱动下地方政府如何防止政府失灵及在房地产市场中政府角色的定位问题，从而基于不同地域特点，使得地方政府行为对房地产市场产生积极效应，为实现地方房地产市场健康、持续、稳定发展提供依据。同时思考政府在房地产市场去库存中出台的政策，并探究有效的去库存方法。

③ 了解与案例有关的房地产管理的相关法律法规。

④ 使读者或学员了解我国房地产市场运行中存在的问题及房屋征收与补偿制度中存在的缺陷，鼓励读者或学员对我国房屋征收与补偿制度的完善进行不懈努力。

(2) 适用课程

公共管理、土地资源管理、社会管理。

(3) 适用对象

MPA 学员、土地资源管理学员、土地资源管理硕士研究生、从事土地管理教学及科学研究的相关人员。

Ⅲ 启发思考题

① 案例中房地产泡沫产生的根源是什么，如何从制度上防止房地产泡沫的产生？

② 如何防止房地产市场的失衡？对于已经失衡的房地产市场应如何进行宏观调控和微观管理？

③ 作为公共政策的制定者，地方政府如何确定其合理有效的行为

模式?

④“房票”政策在解决去库存问题的同时是否会带来其他的问题?

⑤ 如果你是决策者，对于进一步完善“房票”制度，有什么设想?

Ⅳ 教学内容及要点分析

(1) 基本概念和相关法律法规

①“房票”与“地票”

“房票”原指业主购买房屋时所产生的一切票据，包括购房发票、完税证等，在一些文学作品中也指缴纳房租的收据。但是在拆迁补偿中，根据《国有土地上房屋征收与补偿条例》第二十一条规定，被征收人可以选择货币补偿，也可以选择房屋产权调换。货币补偿和房屋产权调换，是常见的两种拆迁安置方式。但是近几年，在拆迁补偿安置中，出现了“房票”这一全新补偿方式。“房票”安置政策是指征收人比照原地或者就近建设安置实行产权调换的政策，安置的房屋被转化为货币、“房票”形式给予到被征收人，由被征收人自行从参与“房票”结算的房地产开发企业购买商品住房用于房屋征收安置。因此“房票”也是货币化补偿的一种，只不过限定补偿金必须购买一套商品房做安置房。在政府规定的时间内，“房票”可以作为专门购房的钱币来使用。拿到“房票”的居民可以在政府规定的楼盘购置房屋。

“地票”是指包括农村宅基地及其附属设施用地、乡镇企业用地、农村公共设施和农村公益事业用地等农村集体建设用地，经过复垦并经过土地管理部门严格验收后所产生的指标。企业购得的地票，可以纳入新增建设用地计划，增加相同数量的城镇建设用地。

本书鄂尔多斯“房票”政策中的“房票”，其官方称谓是“鄂尔多斯市东胜区房屋兑换凭证”，它是房屋认购的一种方式，其中的金额只有在买房时才能使用，是拆迁补偿款的专有存折。“房票”可以多次转让，首次转让后再交易都是“后续转让”。交易双方只需到结算中心办理实名备案手续，具体交易金额和交易方式由买卖双方决定。

②“房票”安置

“房票”安置，就是打破传统单一的政府统筹建设安置小区安置模式，而转向被征迁群众自主购房安置模式，拓宽了安置产品和安置空间，给被征迁群众提供了更多的选择。

“房票”安置具有以下特点：第一，过渡周期短。如果选择安置房，从拆迁征收、办理土地手续再到勘测、设计、建设、验收，安置房建设，周期很长，且工程易烂尾或质量不好，安置区的配套设施也大多比不上商品房小区。如果采用完全货币补偿方式，则无法保证补偿金用途，一些棚户区整改户，可能花光了补偿金却没有房住，这便违背了棚户区改造改善居住环境的初衷；第二，满足拆迁户个性化需求。就像购买商品房一样，在政府指定的楼盘，拆迁户可以自行选择房屋地段、户型、附属设施等，更能满足个体的需要，而不是一刀切的补偿方式。“房票”目前大多在棚户区和城中村改造中出现，可以让棚户区改造户快速享受到城市的配套服务，也有助于推进棚户区改造，解决“拆迁难”的问题；第三，可以流通转让。根据各地政府具体的规定，“房票”一般都可以转让。签订拆迁协议之后，被拆迁户获得一定金额价值的“房票”。“房票”一般是实名登记备案，转让需要去当地“房票”结算中心。转让过程一般不收取费用。如果手里的“房票”不足以购买想要的房屋，可以以现金结算剩下部分，也可以购买“房票”来结算。

“房票”安置虽然有诸多优点，但由于是新生事物，仍然存在一定的潜在风险。从“房票”制度及安置来看，“房票”安置是拆迁安置的一种创新模式，推行“房票”制度需具备一定条件，各地应因地制宜。首先，楼市要有足够存量的商品房，库存不足，“房票”便无法实现安置。其次，政府要有足够的财政资金兑现，否则“房票”在市场上得不到认可；对于被拆迁户来说，是否选择“房票”安置方式，要结合具体情况来看。如果当地商品房供不应求，拆迁过程中，当地房价上涨较快，拆迁户如果都拿着“房票”去市场上买房，由于“房票”金额是确定的，房价涨幅过快会导致“房票”贬值，这样对于被拆迁户来说，既买不上房，也谈不上安居的实现。

③ 房地产库存量及房地产去库存

房地产库存量指各种已完成开发建设全过程并已验收合格，可以按合同规定交付使用或对外销售的各种开发产品，具体包括已开发完成的房屋、配套设施、待建工程、分期收款开发产品、出租开发产品和周转房等，即已经建好且没有销售出去的房地产产品。房地产去库存，也就是消化掉库存量，它被列入2016年国家重点经济工作。2016年经济社会发展五大任务之一就是化解房地产库存，鼓励房地产开发企业遵循市场规律，迅速调整营销策略。因此，房地产去库存将对房地产市场和房地产企业的命运产生重大而深远的影响。

房地产去库存是一个系统性的经济问题，需要从宏观、中观、微观等多个角度发力施策。由于房价上涨过快会进一步刺激资源投入房地产，并激励房地产库存继续增加，因此抑制房价过快上涨，也是预防库存无理性增长的主要措施之一。对此可从以下几个方面加以考虑：第一，要从宏观上保持货币政策的稳健性，这是去库存政策的最根本之道。如果盲目扩大需求，货币政策放水漫灌，只会在高房价的诱惑下，产生更多的库存。我国以往货币政策导致了我国经济的高杠杆化，企业负债率在全世界都属于较高水平。2016年，中央政府阶段性地把赤字率提高到3%，达到了国际预警线标准，这是中央政府加杠杆，目的是换取给地方政府减杠杆以及给企业减税降费的空间。中国居民与世界主要经济体居民相比较，其个人负债或杠杆率并不高。在房地产去库存中，央行降低个人首付的比重，其实就是给个人加杠杆。当前要高度警惕某些地区变相采取零首付、首付贷款等加杠杆手段促销，以防止新的金融风险滋生。第二，要从房地产市场、资本市场相互连接的角度考虑问题。要逐步把云集在房地产市场中的过多货币向资本市场缓释。一方面可以逐步温和地刺破房地产泡沫，释放经济风险，另一方面可以大力发展直接融资，让资本市场服务于创新驱动国家建设的需要。第三，要鼓励房地产企业之间的兼并重组，目标是形成该领域的垄断寡头市场结构。全球房地产领域均是寡占竞争格局，很多全球性城市中往往只有区区十来个甚至十个以下的房地产企业集团。这与该领域资本密集度高有直接的关系。产业经济学原理告诉我们，房地产市场竞争过度，达不到规模经济标准的企业进入的越多，市场的总产出量越高，库存积压就越严重。而且企业数目过多，达不到垄断竞争的程度，也无法产生市场的自我协调效应。如果可以通过兼并收购重组房地产市场，形成垄断竞争的市场结构，就会有利于产量的自我控制，同时也便于政府进行窗口指导。对于我国宏观经济调控来说，寡占竞争格局便于政府指导其进行价格调整。第四，要引导房地产企业降价销售的问题。该问题比较复杂，在中国房地产运行中，一个最让人无法想通的问题是房地产库存十分严重，房地产价格却始终降不下来，而且越调控涨价越厉害。经济学中的供求定律，在中国的地产市场中失去了其作用。究其原因，房地产具有耐用消费品功能和投资品功能。在一个跨期购买决策的消费者模型之中，房地产商的最佳营销策略是形成房价不断上涨的预期，这样才有可能在涨价的恐慌下迅速卖光房子。这就是房地产商不愿意在房价下跌的市场氛围中经营、不愿降价卖房的微观原因，也是地方政府千方百计力挺房价不下跌的经济学道理所在。买涨不买跌是人类经济行为非理性化的常态现象。因此，房地产去库存不可能是通过去杠杆的办法，而最有可能的办法是加杠杆。因为只有维持房地产价格的持续上涨态势，较高的价格才能吸引购买。这只有通过对个人加杠杆才能达到。如果对个人去杠杆，就会像股票价格在高点去杠杆一样，导致不断下跌进入熊市，房地产库存反而会增加，但是加杠杆又会继续维系疯涨的房价。因此，比较好的办法是把去库存的任务交给基层政府，由其与房地产商共同就具体楼盘设定降价的底线，由此打破购房者进一步降价的预期，并承诺达到这一水平后不再降价，如果继续下跌，则由售房方或地方政府承诺全额补贴消费者的购房损失。只有这样才能在动态降价促销中，打破消费者的动态降价预期。

④ 相关法律法规

1)《关于 2015 年深化经济体制改革重点工作的意见》。加快户籍制度改革、推进城镇化体制创新。

2)《关于进一步加强城市规划建设管理工作的若干意见》。明确未来深化城镇住房制度改革的两大方向：一是以政府为主，保障困难群体基本住房需求；二是以市场为主，满足居民多层次住房需求。其中，强调务必要打好棚户区改造攻坚战，力争到 2020 年，基本完成现有的城镇棚户区、城中村、危房改造。被征用土地的所有权人、使用权人应当在公告规定的期限内，持土地权属证书到公告指定的人民政府土地行政主管部门办理征地补偿登记。

3）《关于深入推进新型城镇化建设的若干意见》。要求加快推进户籍制度改革，以达到提升城市综合承载能力的目的，不断完善与土地、财政、投融资等相配套的政策以激发新型城镇化蕴藏的内需潜力。

4）《内蒙古自治区人民政府关于做好房地产去库存工作进一步促进房地产业稳步发展的意见》。对市场上商品住房存量中的大户型住宅，属于棚户区改造被安置户的，且对单户中超过安置标准的部分有购买意愿但暂时无能力的，在 5 年内，可以通过政府担保、开发企业持有产权、享受公共租赁住房优惠政策等方式使用；属于改善性需求的购房者，如原有住房已出售，可享受只对新购买商品住房超过原有面积部分征收契税的政策。

5）《东胜区国有土地上房屋征收与补偿实施方案》。

第二条　在东胜区城市规划区范围内国有土地上实施房屋征收，对被征收房屋所有权人（以下称被征收人）进行补偿的，适用本方案。

第三条　房屋征收部门对房屋征收范围内房屋的权属、区位、用途、建筑面积等情况（包括被征收房屋的影像资料）组织调查登记，被征收人应当予以配合。调查结果在房屋征收范围内向被征收人公布。

第四条　房屋征收部门将拟征收房屋区域内有关情况上报区人民政府，区人民政府根据实际做出房屋征收决定并在三日内予以公告。公告应当载明征收补偿方案和行政复议、行政诉讼权利等事项。房屋征收部门应当做好房屋征收与补偿的宣传、解释工作。

6）《国务院关于深入推进新型城镇化建设的若干意见》。加快城镇棚户区、城中村和危房改造。围绕实现约 1 亿人居住的城镇棚户区、城中村和危房改造目标，实施棚户区改造行动计划和城镇旧房改造工程，推动棚户区改造与名城保护、城市更新相结合，加快推进城市棚户区和城中村改造，有序推进旧住宅小区综合整治、危旧住房和非成套住房改造，将棚户区改造政策支持范围扩大到全国重点镇。加强棚户区改造工程质量监督，严格实施质量责任终身追究制度。

（2）案例分析

本案例由三部分组成。

第一部分：阐述了鄂尔多斯市“房票”政策形成的客观背景——房地产泡沫的形成与破裂

鄂尔多斯市煤炭资源丰富，主要特点是储量大、埋藏浅、易开采，因发展潜力很大而成为国家重要的煤炭生产、转化与输出基地，煤炭资源拥有量、年产煤量均名列全国各地城市之首，是21世纪中国最重要的能源生产供给基地之一。2003年以来，伴随着鄂尔多斯煤炭开采高潮的到来，资本迅速向房地产涌入。2004年政府开始在荒漠中兴建新区，总投资50多亿元。2005年后，城市化建设成为鄂尔多斯市政府的主要工作之一，“拆旧楼、盖新楼”的景象遍布鄂尔多斯市全境。通过拆迁补偿，煤炭和房地产资金流入民间，许多鄂尔多斯人一夜暴富起来。富裕起来的鄂尔多斯人，又通过民间信贷的方式，让资金重新流回煤炭和房地产，尤其是后者。此时政府也希望通过发展房地产，改变单一的经济结构，进而促进了投资需要的高涨。但由于受银行业信贷数量限制，导致当地资金短缺，这时民间资本通过高利贷的形式流向疯狂的房地产，形成：交30%的购房首付款—从银行按揭剩下的70%—再拿房屋作抵押获得银行贷款（年息7%）—将贷款用于放高利贷（利息按月计算，月息3%～6%）—再买房—房屋抵押套现—放贷赚钱—再买房……的畸形循环模式。在这种循环中，一旦某个资金环节出现问题，购买力将立即消失。所以房地产市场严重失衡现象已经完全暴露，房地产危机、泡沫的破裂处于一触即发的状态。2011年随着国家房地产调控政策的出台实施，鄂尔多斯市房地产市场受到冲击，导致整体销售下降，部分楼盘开始出现积压；2012年，支持鄂尔多斯繁荣的“黑金”——煤炭价格开始下跌，受国家宏观调控政策的影响，银行收紧银根，银行信贷规模受到控制，这一切直接导致房地产市场资金链条的断裂，从而形成：支付购房首付款—余款贷款不到位—高利贷消失—房地产商资金无法回笼—无法还高利贷—又无法继续建造房屋……的新的恶性循环模式，从而导致房地产泡沫彻底破裂。

截至2016年6月，东胜区建成和在建项目库存未售面积达1 286万平方米，其中仅住宅未售面积就达607万平方米、3.39万套，成为典型的房地产过剩的三线城市。

第二部分：地方政府“房票”政策的实施与取得的成效

①“房票”制度充分体现了“以人为本、执政为民”的人本思想

1）破解被征迁群众安置难的问题，确保被征收人快速得到安置。政府建设安置房的建设周期长，被征收人因自己的还建点不明确、还建房设计效果看不到，而不愿意配合支持房屋征收工作。“房票”制的实施较好地解决了该问题。

2）让被征迁群众尽享城镇化成果。“房票”制实施以前，政府建设安置房的选址都是固定的，固定地段、固定位置的房源难免不合部分被征收人的意愿。而采取“房票”安置模式后，被征收人可根据自身的经济状况和需要，在市区范围内自主选择商品住宅小区进行安置，真正融入城市生活，真正享受到了新型城镇化的发展成果。同时，还能缩短群众房屋被拆后临时过渡的时间，被拆迁群众领到“房票”即可去意向楼盘选房入驻，彻底解决了安置难、安置慢的问题。

3）提升了房地产行业的去库存问题。“房票”政策的推出，盘活了存量房源，消化了房地产库存。

②“房票”政策，充分体现了新型城镇化的核心理念

党的二十大报告指出，推进以人为核心的新型城镇化，加快农业转移人口市民化。新型城镇化的核心在于不以牺牲农业和粮食、生态和环境为代价，着眼农民，涵盖农村，实现城乡基础设施一体化和公共服务均等化，促进经济社会发展，实现共同富裕。新型城镇化是以城乡统筹、城乡一体、产业互动、节约集约、生态宜居、和谐发展为基本特征的城镇化，是大中小城市、小城镇、新型农村社区协调发展、互促共进

的城镇化。

鄂尔多斯市结合棚户区改造推行的“房票”安置政策，使得被拆迁群众在拥有住房的基础上充分享受城市建设与发展成果，真正实现农民变市民，更好地融入城市生活，走出一条以人的城镇化为核心的新型城镇化的新路子。

③“房票”制度的推行，取得了“双赢”效果

在鄂尔多斯市，“房票”制度的推行，对普通民众来说，既提高了拆迁速度又解决了被征拆户住房难的问题；对于开发商来说，既帮助开发商收回了投入成本，也减少了像烂尾楼式的资源浪费，拯救了开发企业，并且缓解了开发商、政府与回迁户之间的矛盾；对政府来说，盘活存量住房市场的效果十分显著，截至 2016 年 6 月底，东胜区建成、在建住宅存量面积 607 万平方米、3.39 万套。到 10 月初，已消化住宅存量 9 801 套、169 万平方米，共发放“房票”68.5 万平方米，兑换房屋 2 275 套、面积 32.99 万平方米，其余“房票”正在兑换中。

第三部分：地方政府“房票”政策实施的隐忧

在“房票”政策的推进过程中，在被安置居民方面，随着棚户区改造工作的深入，房产市场需求量逐渐增大，而房源逐渐出现了减少的趋势，部分“房票”安置户反映，一些楼盘的开发商对户型好、楼层好的商品房，不对用“房票”购房的群众销售，还有开发商在群众用“房票”订好住房后拒绝销售，借“房票”安置政策坐地涨价。另外，商品性住房后期维护以及生活费用较高，无形中也加大了低收入居民的生活成本，这些均成为居民的购房顾虑，也成为“房票”政策实施的新隐患。

④案件的关键点

1）鄂尔多斯市房地产泡沫产生原因分析。

a. 民间借贷体系的不健康发展。由于制度保障、机制安排等方面的漏洞和缺陷，高利贷往往充斥于民间借贷市场，民间借贷纠纷通常与非法吸收公众存款、集资诈骗等经济犯罪交织在一起，有的人甚至利用公众“暴富”心理，将民间借贷异化为“炒钱”的游戏，一旦借贷者资金链条断裂，就出现老板或资金掮客的“跑路”现象，这对地方经济的

稳定形成了强烈冲击。

b. 单一的产业结构。无论是在开发还是在销售层面，鄂尔多斯的房地产业都维持着较高的杠杆率和融资成本，这些都依靠资金的源头——煤矿产业来消化。然而自 2010 年以来，煤炭价格的持续走低以及不容乐观的房地产形势使得鄂尔多斯市的民间借贷体系面临了极为严峻的困难。就煤炭行业来看，从 2012 年下半年开始，鄂尔多斯市的煤炭从近 400 元/吨的价格，跌落到 200 元/吨不到，伴随着“外煤进口”的冲击，除大型国有煤矿之外，众多中小煤矿纷纷减产或停产。这种单一的经济结构和不规范的民间借贷直接导致依靠这种资金链条的房地产泡沫的产生及破裂。

2）房地产开发及运行中的“政府失灵”行为。

a. 鄂尔多斯市的民间借贷主要流向煤矿和房地产业的现象，与当地政府的有关政策和规划密切相关。通过采矿获利的煤矿主同依靠土地补偿而一夜暴富的失地农民，拿着巨额的资金最先进入民间借贷领域。鄂尔多斯市地方政府开启的大规模基础建设和房地产业又为日益壮大的民间借贷队伍提供了庞大的市场，这些资金从煤矿流进地下钱庄，再流入楼市，形成了从地下到地上的循环。而政府作为监督机构和政策的制定者，对这种不规范的借贷行为的监督不到位或任其发展助推了它的存在和进一步的发展。

b. 地方政府热衷于依靠批租土地，包括征收农地用于大规模的房地产开发建设用地等行为和以房地产投资开发来带动地区经济建设的思路及通过土地收益、房地产税费来直接填充地方财政缺口，把房地产作为拉动地方经济增长的支柱产业，过于功利性地重视房地产对经营城市的贡献等错误理念最终导致鄂尔多斯房地产市场的泡沫。

c. 地方政府与房地产利益联盟关系的存在，削弱了地方政府作为地方公共利益的代表者、实现者和维护者的角色，强化了其作为国有土地代理人和以地生财者的经济人角色，这是房地产市场中地方政府行为发生种种扭曲的症结。鄂尔多斯市房地产的繁荣期主要集中在 2006—2010 年间，这段时期的房地产销售面积均大于当年的竣工面积，即便是2010年4月国务院“新国四条”的出台也没有改变其房地产市场火爆的现状，在房地产领域已经出现了明显的供过于求的市场信息。而此时，地方政府没有及时捕捉信息或对这种信息反馈的漠视，进一步助推了房地产市场仍以超正常的“过热”趋势发展。因此房地产市场的非正常繁荣离不开鄂尔多斯市政府的支持及其与地产商的利益结盟。

3）政府宏观调控和微观管理的成效。面对房地产市场供大于求的现状及大量房地产库存的出现，从2014年开始，结合国家及上一级政府出台的相关政策，鄂尔多斯市政府对土地供给采取了积极的管控措施。2014年第十二届全国人民代表大会第二次会议内蒙古代表团举行团组开放日活动，审议政府工作报告、回答记者提问时，鄂尔多斯市市长表示，鄂尔多斯市3年内将不再新建商品房。

2016年始，全国多地打响房地产“去库存”攻坚战，推出包括降税、补贴、公积金、租售并举等在内的去库存一揽子政策，住房保障提高货币化安置比例成为去库存的有力支撑。从中央和地方提出的措施看，去库存的方向，一是加快农民工市民化，满足新市民住房需求；二是挖掘原住民的购房潜力。对此，内蒙古自治区政府也研究制定了简政放权、减税降费、金融扶持、合理确定最低工资标准等一系列政策措施。鄂尔多斯市政府在库存重压及自治区政府政策引导下，将拆迁安置纳入楼市去库存中，推出了“房票”制度，并取得了较好的成效，主要体现在，对普通民众来说，“房票”真正实现了自主安置和理性安置，解决了被征拆迁户住房难的问题，使普通民众在较短时间内，住上自己较满意的住房，改善了居住条件；对开发商来说，既帮助开发商收回了投入成本，也减少了像烂尾楼式的资源浪费，拯救了开发企业，并且缓解了开发商、政府与回迁户之间的矛盾；对政府来说，“房票”政策推行后，首先免去了政府建造安置房和安置房选择的压力，并加快了房屋征收进程，更重要的是缓解了房地产泡沫带来的尖锐矛盾，解决了大量存量房屋的消化，且效果十分显著。截至2016年6月底，东胜区建成或在建住宅存量面积607万平方米、3.39万套。到10月初，已消化住宅存量9 801套、169万平方米；共发放“房票”68.5万平方米，兑换房屋 2 275 套、面积 32.99 万平方米，其余“房票”也正在积极兑换中。

从政府对房地产调控政策中可以看出，金融政策、税收政策、货币政策等经济调控手段和土地政策等行政调控手段是政府在房地产宏观调控中经常使用的形式。房地产宏观调控政策多以通知、意见、办法、规定、命令等形式出现，而且政策是由国务院、住建部、原国土资源部等以行政命令的形式颁布，缺乏相应的法律调控手段。房地产市场相关法律的缺乏大大地削减了政府宏观调控的约束力。同时，房地产宏观调控政策多强调短期目标，忽视长期发展的诉求，缺乏房地产宏观调控的长效机制。这使政府调控政策更多关注短期效应，忽略中长期发展的平衡，基础制度无法得到完善和优化，房地产宏观调控长效机制的构建和改进受到阻碍，国民经济也会因此受到影响。

由此可见，政府干预长效机制，对于房地产宏观调控政策的有效实施，具有举足轻重的作用，对于房地产市场长期健康发展而言意义更重大。建立统一的调控机制并发挥其长效调控作用是今后政府干预房地产市场需要解决的一个重要问题。

Ⅴ　课堂安排

案例主要以讨论的形式开展，教师按照班级人数划分小组，分发案例材料。按照对学生的理解能力与思考能力强弱合理分配课时。示例如下：

第一阶段：熟悉《中华人民共和国城市房地产管理法》的相关条款及《公共管理学》中政策的设计、执行方面的相关理论知识（20 分钟）

结合课前准备，教师有目的地引导学员熟悉和了解城市房地产管理法中相关条款和相关理论。

第二阶段：案例阅读与回顾（共 85 分钟）

1. 教师提出思考问题的方向，学员开始阅读案例（20 分钟）。

2. 教师主持引导全部同学讨论（30 分钟）。

问题一：案例中房地产泡沫产生的根源是什么？如何从制度上防止

房地产泡沫的产生？

问题二：如何防止房地产市场的失衡？对于已经失衡的房地产市场应如何进行宏观调控和微观管理？

3. 归纳总结（20 分钟）。

3.1　教师在介绍房地产市场、房地产市场运行模式及失衡类型的基础上，对全班同学的讨论结果进行总结。

3.2　教师引导学生围绕房地产市场过热的原因，探讨政府作为监督机构和政策的制定者，应该如何履行自己的职责。

4. 课间休息（15 分钟）。

第三阶段：分组讨论，学员记录讨论结果（30 分钟）

将学生分为 3 组，每组 5～6 人：第一组讨论“问题三”；第二组讨论“问题四”；第三组讨论“问题五”。

问题三：作为公共政策的制定者，地方政府如何确定其合理有效的行为模式？

问题四：“房票”政策在解决去库存问题的同时是否会带来其他的问题？

问题五：如果你是决策者，对于进一步完善“房票”制有什么设想？

要求：每组要求做记录，每组推选 1 名汇报人向全班汇报本组讨论结果。

第四阶段：汇报讨论结果，梳理主要观点，整理讨论结果（45 分钟）

5. 各小组汇报讨论结果，对每个小组的汇报结果，鼓励学员勇于批判、大胆设想——你作为某市国土资源局局长或公共管理者，当房地产泡沫发生时如何应对？你作为市政府领导——公共管理组织者，对房地产市场运行中出现的问题怎么解决？对该案例中“房票”政策你做何评价？

6. 对案例涉及的基本概念与问题、争论的焦点与困惑予以正确疏导并做总结。

4.3 案例3：行政区域边界争议引发的刑事案件

4.3.1 案例正文

行政区域边界争议引发的刑事案件[①]

——以某省区某县检查站遭暴力袭击为例

摘要： 边界争议一直是影响我国部分地区社会稳定的一个重要因素。2015年12月6日，某省区某县某检查站遭暴力袭击事件，致使该检查站完全损毁，直接经济损失1 000余万元。该案件严重扰乱社会秩序，由行政区域边界争议案件升级为刑事案件。全面勘界工作为解决引发争议的界限不清问题创造了基本条件，但要从根本上解决由来已久、复杂多变的边界争议问题必须深刻究其成因，找出行政边界管理上的不足，并采取针对性的综合措施。案例期望引导学员深入思考公共危机事件的管理问题，如何加强政府间的沟通协调能力，进一步提高政府管理过程的控制，为预防政府失灵提供有效保障。

关键词： 行政区域；边界争议；刑事案件；某县

引言

土地权属争议，是指土地所有权或者使用权归属争议。

——《土地权属争议调查处理办法》第二条

调查处理土地权属争议，应当以法律、法规和土地管理规章为依据。从实际出发，尊重历史，面对现实。

——《土地权属争议调查处理办法》第三条

地方各级人民政府必须严格执行行政区域界线批准文件和行政区域

① 本案例来源于网站报道，相关网址见参考文献［30］、［31］。

界线协议书的各项规定，维护行政区域界线的严肃性、稳定性。任何组织或者个人不得擅自变更行政区域界线。

——《行政区域界线管理条例》第二条

土地所有权和使用权由县级以上人民政府确定，土地管理部门具体承办。土地权属争议，由土地管理部门提出处理意见，报人民政府下达处理决定或报人民政府批准后由土地管理部门下达处理决定。

——《确定土地所有权和使用权的若干规定》第二条

在土地所有权和使用权争议解决前，任何一方不得改变土地利用现状。

——《中华人民共和国土地管理法》第十四条

Ⅰ　案件描述

2015 年 12 月 6 日凌晨 3 时许，位于某省区与某省边界的某综合执法检查站发生一起暴力袭击事件。百余名蒙面人手持器械闯入该检查站，殴打恐吓工作人员，后将工作人员捆绑并丢弃在零下 20 ℃的戈壁滩上，致使工作人员及当地牧民共 13 人受伤。

据某省区某县政府调查通报称，当时 100 余名蒙面人闯入该县某综合执法检查站，切断检查站电源、破坏站内监控设施，并向检查站人员居住区投掷烟幕弹，该团伙凭借人多势众，手持器械，直接向值守人员喷洒辣椒水，将值守人员用布袋套头、棍棒殴打恐吓，开动 2 台铲车将占地面积 4 600 平方米的工作站内所有工作生活用房及相关设施、周边围栏及 11 辆执法用车全部损毁。

据某县政府初步计算，整个袭击过程持续约 2 小时，暴力袭击致使某综合执法检查站完全损毁，直接经济损失 1 000 余万元。

Ⅱ　案件调查与分析

(1) 历史冲突事件

按某省某县警方所述，某检查站之所以被选择为打砸目标，是因为某村和某检查站纠纷由来已久，即某省区某县与某省某县的行政边界争议所致。

① 某省区某县在争议地区建立某检查站

2012年某省区某县建立某检查站，该站地处某省区某县和某省某县交界处，该站成立经过某省区某县县委、县政府同意设立，建站目的旨在维护边界稳定，主要目的是为依法打击某省某县向某省区某县进行违规开垦农田、违规开矿等非法行为。检查站站长×某介绍，从2012年以来，某省某县每年都在某省区某县辖区内非法开垦数百亩土地。“今日×××”称，多年来某省某县一直不断侵占某省区某县所属土地，并非法开垦，类似9月17日上午发生的寻衅滋事事件也不是首次。

② 某省某县在争议地区建立行政村

某县民政局副局长×某认为，某县才是这一块土地的合法所有者。他介绍，某村是某县一个较为年轻的行政村，2006年成立，村中主要土地是1998年前后开垦而出。当时因为西部大开发，国家鼓励开荒，当地不少农民开垦荒地，该局通过审批后，发放了土地使用证。

③ 争议边界的历史冲突事件

某检查站建成之后，其工作人员频频制止某村农牧民的非法开垦、放牧等活动。而某省某县国土资源局执法大队，自某检查站建立之初，便对其下达了违法行为停止通知书，认为检查站是建在某省某县辖区内的非法构造物，某检查站对此未予理会。

2015年5月，某村和某检查站之间爆发了第一次正面冲突，30多名某村村民聚集在检查站门前，“他们不停地叫骂。”某检查站工作人员说。4个月后，某检查站再次被围。《×××日报》官方微信号“今日×××”此前消息称，9月17日上午，某省某县某镇，一名姓×的副镇长带领40多名蒙面男子，手持棍棒，围堵某综合执法检查站。事后，该镇解释，这位副镇长是因为村民与检查站发生冲突，到现场协调处理双方矛盾。“某村本来人就少，今年被抢走近一半，这让书记和村主任特别恼火。”某村一位村民表示。“就是为了把检查站推倒。”被问及某村书记和村主任的作案动机时，某省某县公安局副局长×某说，两人自首后曾如此表示。

2015年12月6日，矛盾再次升级，某检查站被摧毁。据调查，本次的暴力袭击事发地，位于某省区某县与某省某县交界的争议地区，某省方指责某省区非法建站，严重影响了辖区内村民的生产生活；而某省区方则指某省方一直在蚕食土地，设站正是为了纠正这些违法行为。

(2) 案发的行政边界争议剖析

① 行政边界的现状

行政界线指一国领土之内各级行政区域之间由中央政府及各级政府所确认的界线。我国从1996年开展了全面勘定省、县两级陆地行政区域界线工作，截至2002年，全国68条62 097公里省级陆地行政区域界线（未含香港、澳门与广东省的界线）和416万公里县级陆地行政区域界线已经勘定，经国务院和省、自治区、直辖市人民政府审批后成为法定的行政区域界线。2002年5月13日，国务院颁布《行政区域界线管理条例》，自2002年7月1日起施行，该条例的公布施行，是为了巩固行政区域界线勘定成果，加强行政区域界线管理，维护行政区域界线附近城区稳定。地方各级人民政府必须严格执行行政区域界线批准文件和行政区域界线协议书的各项规定，维护行政区域界线的严肃性、稳定性。任何组织或者个人不得擅自变更行政区域界线。

经调查，“12·6”治安事件事发地位于某位置上，属于两省边界的争议地。西距某省某县某镇政府约20公里，距某镇某村村委会5公里，北距某遗址2公里，距离某省区某县230公里。

② 行政边界争议的原因

1）边界划定的历史遗留因素。根据1958年的划界标准，现某综合执法检查站所处区域属某省区某县。而该片土地之所以存在争议，是因为1969年某县曾被划分给某省，1979年中共中央、国务院（79）中发42号文件《关于恢复某省区行政区划的决定》，将某县划还某省区，同时所属土地权属随某县一起划归某省区。但是中段产生了直线距离约100公里的未定界线。对于这一未定区域，2001年国务院的批复明确确定“暂时不划，待时机成熟时再划”。双方在这100多公里的未定界线之内，边界矛盾和争议不断，均指责对方未能“维护现状”。某省区某县指责某省某县非法开垦草场、修路架电、种植枸杞等农作物，活动范围延伸至该县境内约50公里；而某省某县则指责某省区某县在其境内非法设置检查站，严重干涉辖区农牧民的生产生活。某省区某县公安局警方表示，2012年，某综合执法检查站经某省区某县县委、县政府同意设立。检查站成立的目的，旨在维护两省边界稳定，最主要在于依法打击某省某县那边向某省区违规开垦农田、违规开矿等非法行为。

2）边界争议的资源因素。中国知名的酒泉卫星发射中心就位于两县争议的这一区域之内，该发射基地始建于1958年10月，位于某省区某县境内。“酒泉”名字的由来，一方面因为酒泉市与发射中心距离最近，且在历史上是有名的城市。某省区方面表示，有5%的子基地——东风航天城，整体坐落在某省区某县区域内，经过争取，航天城的税收归某省区某县收取。据环球时报2011年的报道，航天城辖区矿产资源丰富，矿产企业的税收是某省区某县的重要财政收入来源。某省方面则认为，自己承担着酒泉卫星发射基地的后勤保障供给，加快航天航空后勤保障基地建设，就写入了某省某县县委、县政府的红头文件。作为保障方，自然应得到应有的权益，另外，以酒泉命名的卫星发射基地更是一张重要的城市名片。

另一方面，对于争议区内文化旅游景区的归属，双方也一直争执不下。某省某县文物局局长×某曾透露，该局实施东大湾城防洪工程遭遇某省区某县阻拦。东大湾城遗址与西大湾城遗址、地湾城遗址、肩水金关遗址并称为“三城一关”，军事遗迹保存得十分完整，曾是汉朝抗击少数民族南下的北大门，是全国重点文物保护单位居延遗址的一部分。自1998年起，某省某县先后实施了西大湾城防洪工程，“三城一关”加固维修工程，工程完工后，某省某县在遗址旁竖立了保护标志碑及加固维修说明碑，但碑先后3次被人砸毁，起先是将标志碑上的某省字眼凿掉，刻上某省区等字眼，后来更是连碑文一起砸掉。1988年1月13日，国务院将居延遗址整体公布为全国重点文物保护单位，在公布范围中明确分为某省某县段和某省区某县段两部分。×某介绍，2011年国家文物局印发的《中华人民共和国不可移动文物目录》，亦明确将“三城一关”列入某省某县的文物名录中，对此某省区某县并不认同。

有专家称，随着“一带一路”倡议的实施，带来了西部旅游业发展新契机，“丝绸之路”沿线旅游景点备受推崇。基于上述多重因素，促使某省区某县与某省某县边界争议升温，三个古遗址的管理权更是成为双方追逐的焦点。

Ⅲ　案件性质分析

2015 年 12 月 6 日凌晨 3 时许，位于某省区与某省边界的某综合执法检查站发生的暴力袭击事件，究其原因在于因行政边界不清引发的土地权属争议。行政区域界线争议、土地权属争议案件均属行政案件的范畴。在实践中，很多土地权属争议案件是由于土地权属界线以行政界线为准而行政界限不清造成的。目前，我国行政界线的勘界工作还不完善，很多地方行政区划不准确，甚至有些地方没有明确的行政区划。本案件的起因就是因为国家在两省之间未确定行政界线，各省自行认定行政界线，2001 年国务院的批复明确确定“暂时不划，待时机成熟时再划”，致使双方在这一百多公里的未定界线之内，发生诸多边界矛盾和争议不断。从该事件来看，原本为行政案件，但因政府处理公共危机的滞后性引发了暴力袭击的刑事案件——2015 年某综合执法检查站发生的暴力袭击事件。此次暴力袭击中，蒙面人手持器械，切断检查站电源、破坏站内监控设施，用棍棒殴打恐吓值守人员，将占地面积 4 600 平方米工作站内所有工作生活用房及相关设施、周边围栏及 11 辆执法用车全部损毁，造成经济损失 1 000 余万元，严重影响社会正常秩序。扰乱社会秩序案是指扰乱社会秩序，严重影响工作、生产、营业和教学、科研正常进行的；聚众扰乱车站、码头、民用航空站、商场、公园、闹剧院、展览会、运动场或者其他公共场所秩序，聚众堵塞交通或者破坏交通秩序，以暴力抗拒、阻碍国家工作人员依法执行职务，情节严重的。

根据以上分析，此案件可定性为聚众扰乱社会秩序罪。案件由行政区域界线争议和土地权属争议产生的行政案件演变成了危害重大的刑事案件。

Ⅳ 案件处理结果

（1）政府响应

某省区公安厅、某市公安局，全面支持、指导某县公安局开展案件侦破工作。某省区警方调取的距离事发地约20公里的一处监控显示，12月6日凌晨两点零五分，由两辆铲车和大约七八辆小车组成的疑似作案车队从某省某县方向经过此地。3个多小时后，这支车队原路返回，跟作案时间相吻合。警方很快锁定一名犯罪嫌疑人。“他是一名内鬼。”一位知情者介绍说，在检查站先前的监控中，警方发现，这位前来值班的嫌疑人，拿着手机在检查站内到处拍照，并将图片发送给了外界。12月8日下午，专案组民警通过缜密侦查、连续作战，成功抓获1名涉案犯罪嫌疑人，另有2名涉案犯罪嫌疑人向公安机关投案自首，两人分别是某省某县某村支部书记和村主任。12月14日，某省某县公安局副局长×某介绍，该局已抓获9名主要犯罪嫌疑人，其中包括某村村支部书记和村主任，初步查清涉案人员30余人，并不是某省区警方说的有百余人涉案。

对于某省区某县和某省某县的行政边界争议的处理办法是坚决贯彻国务院“关于某省区某县与某省某县之间界限暂不划定，待时机成熟时再划定”（国函〔2001〕102号文件）的精神和省市确保大局安全稳定的工作要求，坚决打击一切违法行为，维护人民生产生活的正常秩序。

（2）解决行政边界争议建议

本次刑事案件已经得到解决，但是某省区某县和某省某县的边界问题仍旧存在。依据《行政区域边界争议处理条例》，解决边界争议，必须明确划定争议地区的行政区域界线，应由民政部门统一组织，按照有利于各族人民的团结，有利于国家的统一管理，有利于保护、开发和利用自然资源的原则，由争议双方人民政府从实际情况出发，兼顾当地双方群众的生产和生活，实事求是，互谅互让地协商解决，经争议双方协商未达成协议的，由争议双方的上级人民政府决定。必要时，可以按照行政区划管理的权限，通过变更行政区域的方法解决。

① 解决行政区域界线与土地权属界线冲突的原则

只有处理好行政区域界线与自然资源权属的关系，才能顺利勘界，才能保持已勘定的行政区域界线的稳定。

在具体工作中，在两条界线勘定阶段，民政部门和国土资源部门应密切配合，加强沟通，并交换工作底图。在勘界过程中应优先勘定土地权属界线，随后再视情况勘定行政区域界线，并在签订《行政区域界线认界协议书》时，对土地使用现状予以说明。在出现土地权属争议时，应当依据土地权属争议调查处理程序，实地调查争议土地的权属。发现行政区域界线与土地权属界线不一致时，应参考行政区域界线，根据调查结果划定土地权属界线，确定土地权属。如果发现上述两条界线在实地相吻合，则应维持这条界线，作为确定土地权属的依据。处理因行政区域界线不明确而发生的边界争议，还应当按照有利于各民族人民的团结，有利于国家的统一管理，有利于保护、开发和利用自然资源的原则，由争议双方人民政府从实际情况出发，兼顾当地各方群众的生产和生活，实事求是、互谅互让地协商解决。经争议双方协商未达成协议的，由争议双方的上级人民政府决定。决定边界争议，必须明确划定争议地区的行政区域界线。

② 解决行政区域界线与土地权属界线冲突的具体办法

为了从根本上解决行政区域界线与土地权属界线之间的冲突以及由此引起的争议，除了认真按照已经勘定的行政区域界线，搞好土地利用管理之外，最重要的是要坚持以下原则：

1）根据《行政区域边界争议处理条例》第四条的规定，已明确划定或者核定的边界线，均不得变更。按照有关文件、协议、地图为基础确定边界线。

2）在国家土地资源利用现状调查中，经当地各方县级以上地方人民政府，核对一致的边界线，原则上应当认定。个别过分曲折，不利于边界线稳定的地段，可在已核对的边界线的基础上，按照本办法第四条的规定作适当的调整。

3）未划分过边界线，但已形成传统习惯边界线的地段，以传统习惯界线为基础确定边界线。

4）未划分过边界线，传统习惯边界线粗略，实地不清楚的地段，应当选择能够反映行政区域实际管辖状况的地图为基础确定边界线；双方对地图上的边界线认识一致的地段，按照双方一致的画法确定边界线；双方对地图上的边界线认识不一致而实地并没有边界争议的地段，根据实地的行政区域管辖现状，结合自然地形确定边界线；双方对地图上的边界线认识不一致而实地又存在边界争议的地段，按照《行政区域边界争议处理条例》解决后确定边界线。

另外，对行政区界线已经明确无误的，原土地利用现状调查工作界线要以勘定的行政区域界线为依据进行调查。应规定土地调查、行政区域界线勘定中，经双方政府认定的“飞地”、“插花地”，土地所有权已经明确的可以不变。边界线原则上以行政区域管辖的现状为基础划定，除特殊情况外不做变更。边界线的划定原则上与自然资源权属相一致。特殊情况必须分开的，应当在划定边界线的同时，明确跨越边界线的自然资源权属。

（3）提高解决行政区域界线争议的公共管理手段

① 提高技术，不拘泥于行政管理

由省级以上政府相关国土、民政等部门组织重新确认永久性界线，研究出一套调查界线与管理界线衔接方法，使相关土地资源管理部门充分掌握当地土地资源的各项信息，为解决边界争议问题提供依据。利用计算机、GIS、数据库和网络技术，叠加各县管理界线与行政界线，通过界线属性内容和空间位置关系综合分析调查界线与管理界线不一致区域的范围，结合现有文字资料或发放问卷，认识坐落于该区域的土地使用、管理情况。

界线确认后不得更改，调整后界址清楚，用地审批、用地管理、土地执法及年度土地利用变更等工作均可顺利开展、执行。土地违法追究责任也可明确到位，避免产生更大的争议。

②注重基层单位解决问题的实效

垂直式管理结构有时将矛盾放大，加大了边界管理成本，各管理层间的“摩擦”增加了不必要的人力和物力的损耗，所以应当相应扩大他们的自主权，同时实现由垂直管理向基层单位交互式协商方式的转变。

③控制

避免调查界线与管理界线不一致的有效方法是行政区域界线联合检查。行政区域界线联合检查简称联检，是指毗邻的人民政府联合组织对已经勘定的行政区域界线管理情况进行检查，并对发现的问题进行处理的一项法定工作制度。定时联检5年一轮，特殊情况可随时检查。联检是勘界后最重要的日常管理工作。通过联检，可明确法定两县界线实地位置，消除两县边界争议隐患，维护界线附近各县社会稳定。

Ⅴ 结束语

“土地是财富之母，劳动是财富之父”，土地资源的利用价值是巨大的。所以，一些行政边界有争议的地区，在资源利用方面往往会出现矛盾。

政府既是公共利益的代表，又是公共权力的行使者，这种权利对全社会成员具有强有力的约束力和权威性。所以政府必须积极采取管理措施，避免因行政边界所引起的公共危机事件，尽快做好边界勘测工作，保障土地资源的合理化配置。

政府如果在管理活动过程中，背离公共利益，只谋求其内部利益，则不仅会造成政府失灵，更会对社会全体成员包括土地使用者造成极大的损害，使政府形象受损。在利益驱动下，土地利用的外部性及政府行为模式之间存在着密切联系，在保证政府公共权力的约束力和权威性的前提下，如何采取有效措施，切实保障土地争议不再发生，保证政府的公信力和执行力，维持法律的尊严，是有效防范政府失灵的重要保障。更重要的是要通过有效监督制止土地利用外部不经济性的产生，使得土地利用的外部性内在化。

Ⅵ 思考题

① 存在土地边界争议的情况下，地方政府应如何进行有效管理？

② 采取哪些措施可以减少边界争议事件的发生？从公共管理的角度分析，其所依据的理论和原理有哪些？

③ 当公共危机出现时，公共管理者如何有效处理问题，防止问题蔓延？

④ 基于从严执法的角度，请提出关于边界争议引发的群体刑事案件惩治的建议？

⑤ 从公共管理的角度，探索地方政府管理工作如何减少其内部性？

4.3.2 案例使用说明书

行政区域边界争议引发的刑事案件

——以某省区某县检查站遭暴力袭击为例

Ⅰ 课前准备

（1）熟悉《中华人民共和国土地管理法》中关于土地争议案件的处理以及《公共管理学》公共危机案件的预防。预习《国土资源执法监察》中关于土地权属争议的处理依据与过程等内容。了解《公共管理学》中关于公共危机管理及公共管理的职能等相关理论。

（2）课前思考题：①结合案例思考在当前土地管理过程中行政区域边界争议与土地权属争议问题解决的途径与办法？②结合案例思考如何化解和减少公共管理危机问题？

（3）明确案例具体教学目的，制定详细教学计划，设计课堂活动实施方案。

（4）准备其他与教学相关的材料以及硬件设施。

Ⅱ　教学目标

通过案例的分析与学习，使学生了解土地管理相关法律法规、调处行政区域界线争议与土地权属争议的办法以及因公共问题处理不及时造成的严重公共危机。围绕该事件发生的始末，深入思考公共部门处理公共危机事件时及时、准确和快速的重要性，在实际工作中做到认清问题根源、快速及时处理，从而防止事件性质演变，具体目标包括：

（1）充分认识行政区域界线争议及土地权属界线争议问题处理的依据和办法。

（2）在保证政府公共权力的约束力和权威性的前提下，探讨采取何种措施才能有效防止政府公共危机的出现。

（3）了解与案例有关的土地管理相关法律法规以及防范公共危机事件产生的相关理论。

（4）使学生或读者认识到我国公共管理体制目前依然存在的缺陷，鼓励学生或读者对我国公共管理制度的完善进行不懈探索。

Ⅲ　适用对象与方向

适用对象：MPA 学员、土地资源管理专业硕士研究生、从事土地管理教学及科学研究的相关人员。

适用方向：公共管理、土地资源管理、社会管理、行政管理。

Ⅳ　要点分析

第一，从土地资源管理角度出发，引导学生或读者了解国家有关行政区域界线争议和土地权属争议处理的相关法律法规和政策，认识行政区域界线争议和土地权属争议在社会经济生活中产生的危害和破坏；从公共管理的角度出发，引导学员及学生，学会界定公共危机以及熟悉公共危机管理的过程。

第二，深度了解本案例发生的始末，从最初的关于有争议的行政界线，2001年国务院的批复即“暂时不划，待时机成熟时再划”，到危机事件不断升级，直至暴力的刑事案件发生，再到政府积极处理刑事案件及对事件产生的行政边界争议问题挂起的整个过程。分析案例中三大主体——国家、地方政府、人民在事件发生中的行为，以案件为基础探究公共管理的滞后性和公共管理中各级政府追求政府管理的内部性，而忽视外部性对问题处理的影响及导致政府失灵的危害。

第三，引导学员大胆提出假设，如果你是公共管理者，你如何处理公共危机事件？你作为公共管理者，仅针对暴力事件处理还是继续推进解决引起暴力事件的根源问题（引导学生或学员以公共管理者的角度化解公共危机，推进行政区域边界和土地权属争议问题的处理）。

第四，总结案例，对于该类事件所产生的后果从国家形象、政府形象以及农民利益等方面进行综合分析，再从治理手段上探讨营建多样化的处理模式，考虑对事件的事前预防、事中监督和事后惩处等方面三管齐下，建立良好的行政区域界线与土地权属界线冲突的争议解决机制以及公共管理者处理公共危机的合理机制。

Ⅴ 核心概念的界定与案例分析

（1）核心概念的界定

① 土地权属界线

是相邻的土地权利人行驶土地所有权和使用权的分界线。

② 行政区域界线

简称边界线，是毗邻行政区域之间的分界线。具体是指：国务院或者省、自治区、直辖市人民政府批准的行政区域毗邻的各有关人民政府行使行政区域管辖权的分界线。行政区域界线是国家依法实施分级行政管理的重要依据。

③ 自然资源权

指国家、集体和个人对自然资源的所有权和使用权。土地权属属于自然资源权属的范畴，而自然资源权属界线与行政区域界线既有区别也有联系。

④ 行政边界争议

地方各级人民政府以及自然人、法人或其他组织对行政区域界线实地位置或者跨界资源管理使用的范围与权属认定不一致引发的与行政区域界线有关的争议。边界争议有两大要素：一是争议发生在行政区域界线附近地区；二是与行政区域界线有关。

⑤ 公共危机事件

公共危机事件是指一种危及全体社会公众的整体生活和共同利益的突发性和灾难性事件，公共危机事件的特征：

1）爆发突发性。公共危机事件的突发性主要是指其具有极大的偶然性和随机性，难以预估其产生的社会影响和震撼程度，很多公共危机事件在爆发前夕，往往都被人们认为是不可能的，人们无法在危机爆发前获取其全面的信息，公共危机事件能否发生，在什么时间、地点，以何种形式发生以及爆发的程度等情况，人们事先都无法把握，难以完整预测。

2）价值中立性。公共危机事件的产生，可能带来解决整个事件的契机，但亦可能造成更严重的后果，其决定关键皆在于如何处置公共危机事件。在危机事件处理过程中，如果处理得当，则会促进整个事件朝有利于解决问题的方面转机。如果处理不当，或是没有得到及时处置或处理，都可能造成人员伤亡和财产损失，从而加深危机事件造成的人员伤亡和财产损失，甚至会扩大公共危机事件的蔓延范围，特别是在经济全球化时代，公共危机事件价值中立性表现得更为严重。

3）责任承担性。公共危机事件的责任承担性是指尽管有些公共危机事件难以避免，但不能成为公共管理机构作为推诿责任的借口，决策者必须在日常的管理过程中，采取相应的措施，预防与妥善处置公共危机事件，在整个危机事件的发生过程中，往往也孕育着机遇。中国古代哲学思想“祸兮福所倚，福兮祸所伏”也可以辩证地反映出公共危机事件的双重属性。机遇的出现有客观原因，偶然性之后有必然性和规律性。人在规律性面前只有充分发挥人的主观能动性，通过人自身的努力或变革，才能捕捉住机遇。因此，这更加说明公共管理机构责任的重大。

4）时间紧迫性。公共危机事件发生过程中，决策者和危机管理者必须在很短时间内，依靠有限的信息，做出重大判断，这给决策者的心理带来非常大的压力，也对公共危机事件的处理提出了很高的要求，必须在很短时间内做出判断事件性质、防止灾难蔓延等方面的决策，并做好相关的善后处理工作。

5）过程持续性。一方面，就整个人类的文明进程而言，公共危机事件从来就没有停止过。自地球上有人类以来，公共危机事件就一直伴随着人类，并将永远伴随着人类。无论国度如何、人种如何、意识形态如何、经济与社会发展程度如何，要想完全避免这种现象的发生，是不可能的，至少是非常困难的。当然，这并不是说，人类无法预防和控制公共危机事件，而是说在每一件公共危机事件的背后都存在某种必然性的东西。人类只有通过共同的努力来最大限度地降低公共危机事件发生的频率和次数，减轻事件的危害程度以及对人类造成的负面影响；另一方面，就单个的公共危机事件而言，任何公共危机事件不会像它突然来临一样而突然消失，事件一旦爆发，总会持续一段过程，即表现为潜伏期、爆发期、高潮期、缓解期、消退期五个阶段。这符合事物发展规律，不以人们的主观意志和美好愿望为转移。

6）指向破坏性。公共危机事件是对过去稳定状况构成了一定的威胁，通常以人员伤亡、财产损失为标志。不管什么性质和规模的公共危机事件，都会不可避免地给国家、集体、个人带来经济上、精神上的损失，或组织结构的破坏，还有可能会冲击社会的某些核心价值观念，进而渗透到社会生活的各个层面。

⑥ 政府失灵

政府失灵是指政府的活动或干预措施缺乏效率，或者说政府做出了降低经济效率的决策或不能实施改善经济效率的决策。

政府失灵的主要类型有：a. 政府内部性，又称政府自利性，就是指政府及其成员追求自身动机、目标与利益而非社会福利，是政府失灵的一种基本的或体制性的形式；b. 政府行为的外部性，政府行为的外部影响与外在成本就是政府行为的外部性。当政府干预对干预对象产生了正面影响即达到了干预目的，且这种正面影响的收益超出了政府行为的外在成本时，政府行为表现出正外部性或外部经济性。当政府干预对干预对象产生了负面影响即没有达到干预目的，政府行为表现出负外部性或外部不经济性；c. 政府特许经营，政府特许经营具有排他性与垄断性，弱化行业竞争，并给特许经营企业创造垄断利润。特许经营企业为获得牢固的特许经营地位或赚取更大的垄断利润，将以部分垄断利润为代价进行非生产性的寻租活动，甚至俘获政府及其成员，造成社会福利损失与政府失灵；d. 信息不完全和不对称，政府对社会失灵与市场失灵进行干预时存在信息不完全和不对称困扰。信息不完全和不对称可能导致政府决策失误、执行不力与监管失当，典型情况是企业对政府的信息封锁迫使政府监管不到位；e. 政府被企业俘获，政府及其成员为了追求自身利益极大化会去主动创租，而且政府的一些制度安排，如政府特许经营，即使政府及其成员事先并没有创租意愿，但却无意间创造了额外租金，这种创租是政府的无意创租。企业寻租的成功意味着政府及其成员的俘获，一旦政府及其成员被企业俘获，将为企业获取更多的额外租金提供工具，从而极大地损失社会福利。

（2）相关法律法规

①《行政区域边界争议处理条例》

第二条　本条例所称行政区域界线争议，是指省、自治区、直辖市之间，自治州、县、自治县、市、市辖区之间，乡、民族乡、镇之间，双方人民政府对毗邻行政区域界线的争议。

第三条　处理因行政区域界线不明确而发生的边界争议，应当按照有利于各族人民的团结，有利于国家的统一管理，有利于保护、开发和利用自然资源的原则，由争议双方人民政府从实际情况出发，兼顾当地双方群众的生产和生活，实事求是，互谅互让地协商解决。经争议双方协商未达成协议的，由争议双方的上级人民政府决定。必要时，可以按照行政区划管理的权限，通过变更行政区域的方法解决。

第十条　边界争议发生后，争议双方人民政府必须采取有效措施防止事态扩大。任何一方都不得往争议地区迁移居民，不得在争议地区设置政权组织，不准破坏自然资源。严禁聚众闹事、械斗伤人，严禁抢夺和破坏国家、集体和个人的财产。发生群众纠纷时，争议双方人民政府必须立即派人到现场调查处理，并报告争议双方的上一级人民政府。

②《中华人民共和国土地管理法》

第十四条　土地所有权和使用权争议，由当事人协商解决；协商不成的，由人民政府处理。

单位之间的争议，由县级以上人民政府处理；个人之间、个人与单位之间的争议，由乡级人民政府或者县级以上人民政府处理。

当事人对有关人民政府的处理决定不服的，可以自接到处理决定通知之日起三十日内，向人民法院起诉。

在土地所有权和使用权争议解决前，任何一方不得改变土地利用现状。

③《中华人民共和国行政复议法》

第十一条　下列事项不属于行政复议范围：（一）国防、外交等国家行为；（二）行政法规、规章或者行政机关制定、发布的具有普遍约束力的决定、命令等规范性文件；（三）行政机关作出的处分或者其他人事处理决定；（四）行政机关对民事纠纷作出的调解；（五）对公民、法人或者其他组织权利义务不产生实际影响的行为。

第二十二条　有下列情形之一的，申请人应当先向行政复议机关申请行政复议，对行政复议决定不服的，再依法向人民法院提起行政诉讼：（一）对依法当场作出的行政处罚决定不服的；（二）对行政机关作出的侵犯其已经依法取得的自然资源的所有权或者使用权的决定不服的；（三）认为行政机关存在本法第十条规定的未履行法定职责情形的；（四）法律、法规规定应当先向行政复议机关申请行政复议的其他情形。

④《中华人民共和国行政诉讼法》

第十八条 行政案件由最初做出具体行政行为的行政机关所在地人民法院管辖。经复议的案件，也可以由复议机关所在地人民法院管辖。

⑤《中华人民共和国土地权属争议调查处理办法》

第二十二条 在土地所有权和使用权争议解决之前，任何一方不得改变土地利用的现状。

（3）案例分析

本案例由三部分组成。

第一部分：客观描述了某综合执法检查站发生的一起暴力袭击事件以及产生这一事件的历史原因——行政区域界线和土地权属界线争议。

2015 年 12 月 6 日凌晨 3 时许，位于某省区与某省边界的某综合执法检查站遭遇某省某县百余名蒙面人手持器械闯入，殴打恐吓工作人员，后将工作人员捆绑并丢弃在零下 20 ℃的戈壁滩上。事件起因是，2006 年某省某县在争议区成立某村，并发放了土地使用证；2012 年某省区某县县委、县政府同意在争议区内设立某综合执法检查站，旨在“依法打击某省某县那边向某省区违规开垦农田、违规开矿等非法行为”；某省某县则指责某省区某县在其境内非法设置检查站，严重干涉辖区农牧民的生产生活。

此案件中，某省区某县与某省某县均在争议区内建立行政组织和改变土地利用现状，均违反了《行政区域边界争议处理条例》第十条和《中华人民共和国土地权属争议调查处理办法》第二十二条。因行政界线存在争议，故土地权属界线无法划定，所以某省某县发放案发争议区域的土地使用证是违法行为。

第二部分：通过事件的描述，反映了公共部门处理公共事务的滞后性，以致政府决策得不到公众的接受和认同，使得决策失灵。

此案件中争议行政区域界线，2001 年国务院的批复明确确定：“暂时不划，待时机成熟时再划”，至案发时已有 15 年。随着经济的发展、自然资源的开发利用以及酒泉卫星发射中心的影响力越来越大，行政区域界线的划定已迫在眉睫。依据《行政区域边界争议处理条例》第三条、第四条，应由民政部门确定行政区域边界。但负责此行政事项的公共部门却没有及时处理行政区域边界争议，以致“争议区内维持原状”的政策失灵。

第三部分：国家公共管理部门的高调处理以及产生的后续问题。

公共危机发生后，12 月 8 日下午，某省区专案组民警通过缜密侦查、连续作战，成功抓获 1 名涉案犯罪嫌疑人，另有 2 名涉案犯罪嫌疑人向公安机关投案自首，两人分别是某省某县某村支部书记和村主任。12 月 14 日，某省某县公安局副局长×某介绍，该局已抓获 9 名主要犯罪嫌疑人，其中包括某村村支部书记和村主任，初步查清涉案人员 30 余人。对于暴力事件的解决根据《中华人民共和国刑法》第二百九十条规定：聚众扰乱社会秩序，情节严重，致使工作、生产、营业和教学、科研、医疗无法进行，造成严重损失的，对首要分子，处三年以上七年以下有期徒刑；对其他积极参加的，处三年以下有期徒刑、拘役、管制或者剥夺政治权利。聚众扰乱社会秩序罪的认定，是指聚众扰乱社会秩序，情节严重，致工作、生产、营业和教学、科研无法进行，造成严重损失的行为。聚众扰乱社会秩序罪的立案标准：①行为人有聚众扰乱社会秩序的行为，是构成本罪的关键。此处必须同时符合两点：其一，要有扰乱社会秩序的行为，即干扰和破坏党政机关、企事业单位或人民团体正常的工作、生产、营业和教学、科研秩序；其二，扰乱社会秩序的行为必须是以聚众的方式实施的，即纠集三人以上有组织、有计划地进行扰乱。至于扰乱过程中是否使用暴力，不影响本罪的成立。②聚众扰乱社会秩序，必须是情节严重，致使工作、生产、营业和教学、科研无法进行，造成严重损失，方能构成本罪。情节严重，实践中一般可从扰乱时间的长短、聚众人数多少、扰乱的对象的性质和侵害后果是否严重等予以认定。如尚未造成严重损失的，是一般违反治安管理行为，应给予治安管理处罚。本案件人数众多，破坏力强，侵害的后果较为严重，构成聚众扰乱社会秩序罪。

暴力事件的解决，并不意味着公共问题的结束，某省区某县和某省某县的边界问题仍旧存在。双方应根据《行政区域边界争议处理条例》

第三条、第四条以及《中华人民共和国土地管理法》第十四条“土地所有权和使用权争议，由当事人协商解决；协商不成的，由人民政府处理；单位之间的争议，由县级以上人民政府处理；个人之间、个人与单位之间的争议，由乡级人民政府或者县级以上人民政府处理；当事人对有关人民政府的处理决定不服的，可以自接到处理决定通知之日起三十日内，向人民法院起诉；在土地所有权和使用权争议解决前，任何一方不得改变土地利用现状”，彻底解决产生暴力冲突的根源问题，只有做到《中共中央关于完善社会主义市场经济体制若干问题的决定》提出的“建立归属清晰、权责明确、保护严格、流转顺畅的现代产权制度”，才能真正解决政府失灵问题和公共危机问题。

（4）案件的关键点

① 明确政府的管理范围，防止因资源价值的提升产生矛盾升级

产权制度是关于产权界定、运营、保护的一系列体制安排，是社会主义市场经济存在和发展的基础。中国共产党在推进改革开放、探索和实践社会主义与市场经济相结合的过程中，始终围绕所有制和产权这一主线展开。党的十四届三中全会在提出建立社会主义市场经济体制时，把建立产权清晰的现代企业制度作为重要内容之一；随着经济市场化和多种所有制经济的发展，党的十五大确立了公有制为主体、多种所有制经济共同发展的基本经济制度；党的十六大提出“毫不动摇地巩固和发展公有制经济”，“毫不动摇地鼓励、支持和引导非公有制经济发展”；党的十六届三中全会在这个基础上进一步提出建立以归属清晰、权责明确、保护严格、流转顺畅为主要特征的现代产权制度，以巩固公有制经济的主体地位，促进非公有制经济发展；党的十七大在坚持和完善基本经济制度、坚持“两个毫不动摇”的基础上，提出“坚持平等保护物权，形成各种所有制经济平等竞争、相互促进新格局”；随着改革实践的发展，对明晰界定各类产权、依法进行有效保护的制度安排提出更高要求，党的十八大在强调坚持和完善基本经济制度时进一步提出“保证各种所有制经济依法平等使用生产要素、公平参与市场竞争、同等受到法律保护”。党的二十大报告指出“坚持和完善社会主义基本经济制度，毫不动

摇巩固和发展公有制经济，毫不动摇鼓励、支持、引导非公有制经济发展，充分发挥市场在资源配置中的决定性作用，更好发挥政府作用”。

② 减少地方政府的内部性行为，建立全局公共责任观，防止政府失灵

省际政府之间不存在指导与被指导的关系，更不存在领导与被领导的关系，因此，它们之间的关系比较自由，更多地体现为交流与合作的关系。随着省际关系的发展，各自政府的经济利益会越来越明确，新经济利益的要求会越来越突出，导致了政府部门及其官员追求自身利益或组织的自身目标而非公共利益或公共福利，省际之间的沟通减少，造成政府内部性。内部性是政府失灵的一个重要原因。政府如果在管理活动过程中，背离公共利益，只谋求其内部利益，则不仅会造成政府失灵，更会对社会全体成员包括土地使用者造成极大的损害，使政府形象受损。所以要加强省际政府间的沟通协调，防止政府失灵，建立全局公共责任观，发现问题及时按照国家法律法规的程序处理问题，减少公共危机的出现。

③ 完善我国土地争议解决制度

实践中不少土地争议以及行政边界争议是由于政府的具体行政行为引起的，因此，此时政府既是球员角色又是裁判角色。在处理程序上，如果当事人对有关人民政府的处理决定不服的，向人民法院起诉时，人民法院又将案子转至土地行政部门进行处理，从而产生恶性循环的怪圈，不利于争议的有效解决，为此，借鉴国外行政裁决制度特别是英国的行政裁判制度，建立独立的土地争议裁判制度，将能更有效地解决土地争议案件。独立的土地争议裁判制度，包含专业化的裁决人员以及裁决所的独立地位和简单便捷的裁判程序和证据规则。

④ 增强政府的管理和服务意识，重塑政府与社会的关系以及公共危机管理意识

社会经济发展、土地收益大幅提升，是边界争议、土地争议案件增多的根本原因。针对当前在处理边界争议时出现的种种问题，各级党委和政府应进一步加快土地确权工作，加强法制宣传教育，提高基

层干部依法行政和农民依法用地的观念意识；同时做好矛盾纠纷和不稳定因素的排查和调处工作，积极预防群体性事件和恶性案件的发生。

健全基层调解组织，加大争议排查调处力度，各级政府部门应高度重视基层调解组织建设，从人员和经费方面加大对基层人民调解组织的支持力度。加强对土地的管理，对于土地争议案件本着从快处理的原则，防止矛盾积压。在调解边界争议方面，要加强省级政府间的沟通，加大侵犯边界土地使用权案件的处理力度，及时调解争议，努力把矛盾化解在当地、消化在基层，明确责任分工，加强司法调解中心、村委民调委员会和乡镇派出所等基层机构组织之间的沟通与协作，发现争议及时进行调处，使争议在“升级”前得到及时化解。通过调解人员耐心细致的思想教育工作，争取将大量的争议解决在萌芽状态，避免“民转刑”事件的发生。以国家的法律、法规、政策和社会公德为依据，对当事人进行说服教育、规劝疏导，促进当事人互相谅解，平等协商，从而自愿达成协议，降低“民转刑”案件发生的概率，维护农村社会的和谐与稳定。并提出强化农村普法宣传、明确土地权属关系、健全边界争议、土地争议调处机制等方面的对策建议，有效解决因边界、土地矛盾导致“民转刑”案件的根源性问题。

Ⅵ 课堂安排

案例主要以讨论的形式开展，老师按照班级人数划分小组，分发案例材料。按照对学生或学员的理解能力与思考能力强弱合理分配课时。示例如下：

第一阶段：熟悉土地管理相关法律条款及相关理论知识（20分钟）

结合课前准备，老师有目的地引导学生或学员熟悉和了解土地管理相关法律条款和相关理论，如《中华人民共和国土地管理法》、《行政区域边界争议处理条例》、《土地权属争议调查处理办法》等。

第二阶段：案例阅读与回顾（共85分钟）

1. 老师提出思考问题的方向，学生或学员开始阅读案例（20分钟）。

2. 老师主持引导全部同学讨论（30 分钟）。

问题一：案例中暴力事件产生的根源是什么？

问题二：在此暴力事件中，政府作为公共管理部门应该承担何种责任？

问题三：行政区域边界争议和土地权属争议如何处理？

3. 归纳总结（20 分钟）。

3.1 老师在介绍行政区域边界争议、土地权属争议、自然资源权等基本概念的基础上，对全班同学的讨论结果进行总结。

3.2 老师引导学生围绕政府的内部性问题，探讨如何解决政府失灵问题。

3.3 基于公共危机理论，探索政府如何有效处理公共危机。

4. 课间休息（15 分钟）。

第三阶段：分组讨论，学生或学员记录讨论结果（30 分钟）

将学生分为 3 组，每组 7～8 人，第一组讨论“问题四”；第二组讨论“问题五”；第三组讨论“问题六”。

问题四：如何建立良好的地方政府与中央政府的关于土地管理的互动合作关系？

问题五：基于从严执法的角度对于土地争议刑事案件惩治的建议？

问题六：当公共危机出现时，公共管理者如何有效处理问题和防止问题蔓延？

要求：每组要求做记录，每组推选 1 名汇报人向全班汇报本组讨论结果。

第四阶段：汇报讨论结果，梳理主要观点，整理讨论结果（45 分钟）

5. 各小组汇报讨论结果，对每个小组的汇报结果，鼓励学生或学员大胆批判，大胆设想。

6. 对案例涉及的核心概念与问题、争论的焦点与困惑予以疏导并做总结。

4.4 案例4：规范设施农用地建设，加强土地监管职能

4.4.1 案例正文

规范设施农用地建设，加强土地监管职能①

——以某省区某市蔬菜大棚用地闲置为例

摘要： 本案例描述了某省区某市于2012—2018年间，按照规模化、产业化和科技化经营的要求，在某市城市周边的7个旗县区发展设施农业，共计建设16万亩蔬菜大棚，其中高效日光温室用地面积为10万亩、塑料大棚用地面积为6万亩。另建7个育苗中心提供种苗，推动新型农业发展。但由于政府补贴不足或不到位、合作社资金链断裂、蔬菜总量过剩和菜价持续走低、农民亏本经营及蔬菜大棚用地权属不明晰等原因导致大量蔬菜大棚用地闲置和荒废。整个事件反映了地方政府在政策执行过程中对设施农用地管理不到位、土地市场供需预测不充分、土地流转程序不规范以及政府监管不力等多方面问题。基于以上分析，从如何规范设施农用地建设，提高政府监管职能，加强土地利用规划研究和进一步完善土地利用方面提出建议和对策。

关键词： 设施农用地；土地监管；蔬菜大棚用地闲置；政府失灵

引言

蔬菜是人们餐桌上不可或缺的元素，随着生活水平的提高其需求量也在日益增大，已经成为我国种植业中仅次于粮食的第二大农作物。目前我国蔬菜用地面积为3.35亿亩左右，产量达7.69亿吨，一年的产能可以满足150亿人的吃菜需求，相当于全球人口的两倍，产能严重过

① 本案例来源于网站报道，相关网址见参考文献［36］、［37］。

剩。但由于地域、气候、季节的差异，供应极不均衡。尤其是北方地区，在冬春淡季（每年 11 月至第二年 4 月）自给率较低，大中城市供求矛盾尤为突出。目前，北方设施蔬菜用地面积约 3 500 万亩，其中日光温室用地 1 300 多万亩，标准化日光温室比例不高，冬季能生产蔬菜的日光温室仅为 800 多万亩，在冬春淡季的日均蔬菜产量约为 13 万吨，而北方地区商品蔬菜消费量日均需要约 45 万吨，缺口达 30 多万吨。

——原农业部统计数据

加快发展现代农业，既是转变经济发展方式、全面建设小康社会的重要内容，也是提高农业综合生产能力、增加农民收入、建设社会主义新农村的必然要求。“十二五”期间，统筹推进新一轮“菜篮子”工程建设，合理确定大城市郊区“菜篮子”产品生产用地保有数量，大力发展蔬菜、水果、花卉等高效园艺产业，提高大城市“菜篮子”产品的自给率。在稳定城市副食品供应保障能力的基础上，进一步挖掘农业的生态涵养等多种功能，提高农业效益，增加农民收入。积极发展“菜篮子”产品生产，加强蔬菜水果、肉蛋奶、水产品等产品优势产区建设，扩大大中城市郊区“菜篮子”产品生产基地规模，发展多种形式的适度规模经营，为积极发展无公害农产品、绿色食品、有机农产品提供保障，从而解决北方地区蔬菜供应不均衡的问题。

——国务院关于印发全国现代农业发展规划（2011—2015 年）的通知（国发〔2012〕4 号）和《中共中央 国务院关于加大统筹城乡发展力度进一步夯实农业农村发展基础的若干意见》

新形势下农业主要矛盾已经由总量不足转变为结构性矛盾，推进农业供给侧结构性改革，提高农业综合效益和竞争力，是当前和今后一个时期我国农业政策改革和完善的主要方向。农业的根本出路在于现代化，农业现代化是国家现代化的基础和支撑。各地要依据农业发展规划和土地利用总体规划，在保护耕地、合理利用土地的前提下，积极引导设施农业和规模化粮食生产发展。

——国务院关于印发全国农业现代化规划（2016—2020 年）的通知（国发〔2016〕5 号）和国土资源部、农业部关于进一步支持设施农

业健康发展的通知（国土资发〔2014〕127号）

作为蔬菜产业的重要组成部分，2016年我国设施蔬菜用地面积达到5 872.1万亩，设施蔬菜产量2.52亿吨，占蔬菜总产量的30.5%，全国设施蔬菜产业净产值为5 700多亿元。近些年，我国设施蔬菜用地面积、产量以及产值不断扩大，其中设施蔬菜种植面积从2000年的2 749万亩到2016年增长至5 872.1万亩，平均每年增长200多万亩，出现了产量过剩的趋势。

——中投顾问产业研究中心

“十二五”期间，某市农村经济发展的思路是：调整农村产业结构，优化产业布局，提升产业层次，壮大产业规模，加强水利基础建设和生态建设，突出抓好以蔬菜为主的设施农业、以千头以上规模化养殖为主的奶业、以旅游休闲为主的设施观光农业，抓重点，攻难点，加快推进农业的区域化布局、标准化生产、规模化种养，促进全市农村经济全面快速健康发展。加强资金和设施的管理。市财政、农牧业局要会同各旗县区政府制定切实可行的资金拨付、管理和监督办法。旗县区政府要与投资经营主体签订资金补贴合同，督促、监督资金的使用，保障资金的按时拨付、合理有效使用，坚决防止资金的流失和挪用。对资金补贴后，没有按设计规模投入使用的项目，依法追偿补贴资金。

——《某市：合理布局突出重点加快我市高效特色农牧业发展步伐》

禁止任何单位和个人闲置、荒芜耕地。已经办理审批手续的非农业建设占用耕地，一年内不用而又可以耕种并收获的，应当由原耕种该幅耕地的集体或者个人恢复耕种，也可以由用地单位组织耕种；一年以上未动工建设的，应当按照省、自治区、直辖市的规定缴纳闲置费；连续二年未使用的，经原批准机关批准，由县级以上人民政府无偿收回用地单位的土地使用权；该幅土地原为农民集体所有的，应当交由原农村集体经济组织恢复耕种。

——《中华人民共和国土地管理法》第三十八条

Ⅰ 蔬菜大棚的建设

2010年，国土资源部、农业部下发《关于完善设施农用地管理有关问题的通知》（国土资发〔2010〕155号），规定了设施农用地管理有关要求。明确界定了设施农用地的范围，将设施农用地细分为生产设施用地、附属设施用地以及配套设施用地。其中，生产设施用地是指在设施农业项目区域内，直接用于农产品生产的用地类型。设施农业在我国发展了很多年，为国家“菜篮子”工程的实施，做出了很大的贡献。党的十八大以来，特别是党的二十大，国家高度重视实施农业供给侧结构性改革，大力推动农业绿色发展，设施农业用地面积增长非常快，为国家农业现代化起到了很大的推动作用。

2012年开始，某市计划在A旗的a镇、b乡、c镇；B县的d镇、e镇；C县的f镇、g镇等；D区的h镇、m镇；E区的n镇、q镇；F区的p镇，G县宏河两岸等7个旗县区发展设施农业。按照规模化、产业化和科技化的要求，计划用三年时间平均每年建设3万亩以上，共计建设16万亩蔬菜大棚，其中高效日光温室用地面积为10万亩、塑料大棚用地面积为6万亩，帮助农民致富增收。除此之外另建7个育苗中心提供种苗，推动新型农业发展。各旗县区的具体计划是：A旗4万亩，D区4万亩，C县3万亩，B县3万亩，G县5 000亩，E区1万亩，F区5 000亩（图4-6）。

为便于集中管理、统一销售，新建的蔬菜大棚用地以1 000亩为单元，每个单元的距离不能超过1公里，形成蔬菜大棚基地并鼓励发展蔬菜种植专业村和专业乡，对专业村和专业乡适当加大补贴力度。基地要相对集中，要把新建的16万亩保护地规划到5～6个区域内建设，每个区域形成2万～3万亩以上的建设规模，形成万亩种植区。建设的主体以农民专业合作社、村集体经济组织、企业为主，同时通过招商引资，引入外地的种植大户，采取返租倒包的形式，把农民的土地集中租赁回来，统一规划，集中建设。建成温室大棚以后可以租给农民经营，建设者也可以直接经营。

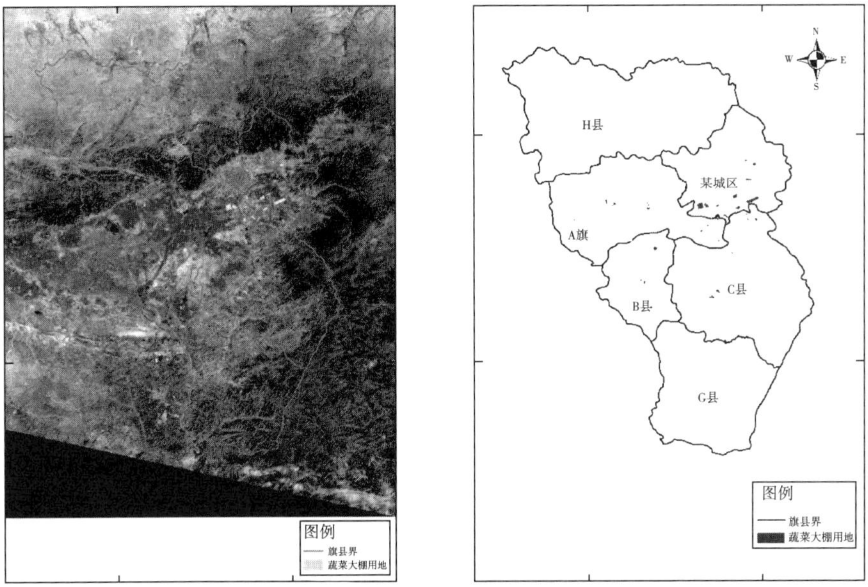

图 4-6 2015年某市周围蔬菜大棚用地分布示意图

为了有效、快速推进，调动各方面建设的积极性，同时保证种植规模，保障“菜篮子”产品供应，对集中连片建设1 000亩以上的项目采取以奖代拨方式进行财政补贴。各级政府通过提供奖励补贴资金和协调贷款，对建设者给予补贴（表4-1）。补贴标准为：一个（1亩的标准）高效日光温室补贴3万元，其中市级财政补贴2万元，旗县区财政补贴1万元。一个（1亩的标准）塑料大棚补贴6 000元，其中市级财政补贴4 000元，旗县区财政补贴2 000元。每个高效日光温室提供贴息贷款3万元。总的资金预算是：市级财政（包括自治区补贴）安排2.5亿元，协调贷款5亿元，贷款期限为3年期，利息由市财政解决。旗县区负责土地流转、通路、通电、通水和平整土地等。

表4-1 蔬菜大棚用地补贴标准

单位：元

大棚类型	市级财政补贴	旗县区财政补贴	总计
高效日光温室（个）	20 000	10 000	30 000
塑料大棚（个）	4 000	2 000	6 000

经过2012—2018年6年的持续建设，某市相继建成了86个规模化设施蔬菜基地，累计建成温室大棚20 340个，占地约9.3万亩。统计数据显示，目前某市建成并具备投产条件的蔬菜大棚有17 297个，已安装钢架但没有覆盖塑料棚膜和棉被、暂不能使用的有1 583个，其中有1 460个仅仅垒起了土墙。其中在D区r镇x村建起450多个蔬菜大棚，占地1 000多亩，仅有120多个大棚有村民在种植，闲置率达73.3%；D区r镇y村，项目用地1 800亩，建设完成600个大棚，目前近30%闲置；D区D镇w村，项目用地600亩，建设完成大棚180个，目前近80%闲置（表4-2）。

表4-2　2012—2018年蔬菜大棚建设数目

单位：个

蔬菜大棚总数	20 340
具备投产条件	17 297
暂不能使用	1 583
仅垒起土墙	1 460

Ⅱ　闲置的蔬菜大棚

(1) 农民的困境

在政府惠农政策的引导下，农民寄希望于蔬菜大棚，但并没有实现致富梦想。有关部门未经过科学的土地质量评价，将村民土地规划为蔬菜大棚用地，导致村民无地可耕种，而部分建棚农民负债累累。经占地建成的蔬菜大棚权属也存在问题，村民也说不清楚建设的蔬菜大棚究竟是谁的。

D区r镇x村农民郭某是村里的老人，她们家的土地因建大棚被占3亩。老人对出钱购买大棚表示不理解："个人的土地还要钱了？我当初就不同意这么干，村里开会人家问的是代表，俺们又不是代表。"

村民×某从2014年就开始种大棚，他对大棚蔬菜种植情况说道："刚开始菜价挺好，但是现在不行，收成很'淡'（比较差），一个大棚一年挣1万多元，种大棚一个人种不成，还要搭上家里人帮忙，费时费力，还不挣钱，计划再种一年就去外地打工。”

村民表示：项目用地有近1 200亩，建起了450个大棚，目前近90%闲置。

z村村民×某之前种着两个蔬菜大棚，每年一个大棚的收入将近4万到5万元。2013年，在蔬菜大棚持续发展到1 000多个时，他又承包了8个蔬菜大棚，7个种蔬菜，另一个大棚因盐碱化太严重，一直没有办法种菜。他说：“这个大棚的土，碱性太大，种了菜，菜苗都长不出来，投入了三千多元的肥料之后才发现这块地不能种植，再种也是个赔。”记者问到，如果想利用这块地有没有别的办法时，他说：“如果想利用就只能换土，换50厘米的土（即换土壤层）才能种，但是老百姓换不起。”

A旗村民表示2012年开始建的蔬菜大棚，建设不彻底，不明原因地在前些年停了下来。

D区y村村民表示：建设的蔬菜大棚大约有近500个，可是种的仅有400个，有170～180个大棚闲置。

D区r镇w村民表示：项目用地600亩，建起了180个大棚，目前近80%的大棚处于闲置状态。

其他村民表示：地也不让种了，大棚也没用，这种情况已经有三四年了。

在w村，从开始建温室大棚到现在，“种大棚蔬菜挣不挣钱?”成了村头巷尾议论最多的话题，这些种了一辈子粮食的“地头专家”现在却成了种菜的“门外汉”，没有经验，只能和邻近的几个村进行比对：“你看人家x村一直种菜种得挺好，据说一年一个大棚挣个两三万元不成问题。”“那k村呢？那么多大棚有几个种菜的？空着的，养花的，还有养牛的，这说明种菜根本不挣钱。”诸如此类的疑惑和议论，在村民中普遍存在。一方面，长期固有的传统种植模式和思想观念很难转变，另一方面，新的种植模式和不确定的未来让村民犹豫不定。就在这个档口，w村正在建设中的温室大棚的质量问题和相关的交接细节，又让正在犹豫中的村民更加纠结了。

（2）农业合作社及企业的困境

为蔬菜大棚犯愁的，不只是农户、村干部，还有大棚的承建人。×某就是其中之一。对他而言，这个春节过得并不喜庆。因为年关里，找他讨债的人很多。

春节前，×某又一次来到D区r镇x村，他有两件事：一是看看自己盖起的大棚又破了几个，二是问问村主任，盖大棚的钱怎样才能回来。×某在x村，承建了54个大棚。他说为了做这件事，自己贷款、借钱，总花费已经超过500万元。×某表示，自己已经领到了合同中约定的国家补贴款，但合同里约定的应付款项却一直没有付清，相差还很多，未支付款项主要是村民自筹资金、贴息贷款等。并且该合同中，关于村民自筹资金一项并未明确写清，也没有更多解释。3年来，尽管没人按照合同约定来使用这些大棚，但是×某时常会接到可能有人要来种植的信息，为了交付蔬菜大棚时达到验收标准，他已将大棚膜换了几茬。“2 000多元的膜，换了烂，烂了换，想找人验收，自始至终没人管。”×某说。“合作社的资金链断了，工程队来找，村里也来找，老百姓也对合作社不再信任。”r镇人大主席×某道出造成困局的原因。人大主席×某告诉记者，镇里就此开过党委会，也到村里组织召开了村里的两委会，做村民工作，希望补签土地流转合同。但是老百姓现在都不愿意与合作社签合同，他们对合作社失去了信任。镇里正在考虑能否以村委会名义签合同，“土地流转不回来，永远是个问题。”

r镇蔬菜大棚工程的具体负责人×某告诉记者，他知道有4万元的政府补贴，但因为当时x村尚未归至r镇，所以关于村民自筹部分他并不了解。据×某介绍，除这3个新划入的村以外，r镇其他建有设施农业的村庄的做法是，蔬菜局、村委会与合作社之间有协议，但合作社和哪个施工方签的协议、怎么签的，镇里不管，怎么付款由合作社解决，自筹都是合作社找村民自己去谈，政府不参与。

除了r村，在某市周边其余地区也出现了类似问题。

不同于D区的温室大棚以村为单位，村委会或村合作社牵头，外包给工程队建设的模式，A旗采取企业大片承包、搞农业园区建棚形式。

在路边的规划牌上记者看到，某省区某农业开发有限公司计划在A旗a镇流转土地21 000亩，投资41.6亿元。其中一期工程要求在2013年底前完成2 000栋温室大棚的建设。可事实上，记者在这里看到，三年多过去了，真正使用的大棚为数不多，整个园区一片死寂，废弃的棚里杂草丛生。记者在工商登记信息上查到了某农业开发有限公司负责人甘某的电话。

记者："您那边现在还没有建成的大棚有多少呢？"

某农业开发有限公司法人代表甘某："还有1 000多个，1 852个棚，现在已种植的有200多个大棚。"

记者随机走访了A旗3家建设规模排在前列的公司。走进现场，这3家企业所建项目同样存在严重的荒废现象，荒置的大棚比比皆是。某蔬菜种植有限公司园区内，塑料棚破损，只有土墙架子的半截工程随处可见。而在与它一条马路之隔的某生态农业开发有限公司的光伏大棚园区内，只有许多简单安装了光伏电板的空架子。

(3) 村委会及乡政府的困境

r镇项目负责人×某说："一是村委会和村民土地流转合同签订不明确，有的签了，有的没签，造成合同签订不到位，农民拿不到租地钱，因此产生摩擦；二是建大棚政府有补贴，一个大棚补贴4万元左右，不少村委会主任愿意接这个活，有些合作社是村委会主任办的。村委会主任领回任务后找施工队签合同，但并未签订完整、清楚的协议，造成完工之后，债务、工程款等一系列的问题。"

D区蔬菜副食品局副局长×某说："大棚闲置的原因有两方面，一是大棚设施投入太大；二是农民对于种菜的风险抵御能力还是比较低，不敢大面积投入资金，有顾虑，同时种菜的技术也有待提高。"

x村村支书×某回忆："那一阵菜价挺高，人们愿意种植，村里也开过会，但是收钱的时候，大家就不愿意了。"她说，政府补贴的钱工程队领了，事情却没和村民谈好，就是口头说了说。土地占用问题，现在要解决，就得和村民补签土地流转合同，向村民收钱，大家不愿意。”

记者从w村的×主任那里了解到，w村村民不愿意买温室大棚的主要原因是这个村整体经济条件不好，村民一时拿不出这么多钱。

记者了解到，尽管村民没有签订土地流转合同，但是对于当年村里要占地建大棚的事，并非不知情。“那时菜价挺好，建大棚村里人都同意，村委会开了好几次会，落实、分配、定价，村民代表都在，当时都积极，都说愿意做，但是后来菜价走低，大棚盖得也多，有的人放弃不种了，外出打工了。”“村里开会人家问的是代表，俺们又不是代表。”对此，x村村主任×某解释说：“当时镇上派下来的任务有点紧，后来就没签土地流转合同，签了也一样，这一阵子承包费兑不出来，没钱。”

x村村主任×某：“现在它这个资金不到位，工程队垫付资金发不出。怎么解决这个问题，就是看让哪个部门给扶助下。每次开会，一谈到资金，局面就僵在那里。”事实上，为了x村这个项目，市区两级财政已经先后补贴了2 000多万元，还贴息借给合作社220万元，但三年过去了，什么起色都没有。工程队的建棚资金，还有1 000万元的窟窿没填。大棚撂荒的主要原因，就是没有村民愿意交自筹款认领大棚。

某市政府曾经表示，对集中连片建设1 000亩以上的项目，以奖代拨进行财政补贴，一个大棚补3万元。各地都想要这项补贴，所以大家都自动把规划面积定在“1 000亩以上”了。按照这个面积，能建设450个棚，这个大棚数量是多是少？以D区为例，全村1 400人，当地蔬菜局干部认为1 400人里最少有500个劳动力，一个劳动力种一个半棚，能种700多个棚，所以450个棚是没有问题的。但实际情况是，很多年轻人进城打工之后，村里根本没有这么多劳动力。再加上近两年蔬菜价格低迷，更没人愿意种植蔬菜大棚。

某市现有蔬菜种植面积3.7万亩，年产量却不到100万吨，大棚空置是主因，任务紧急，D区蔬菜局局长×某表示：“一方面督促相关部门和单位对还在建设中的温室大棚加快施工进度，另一方面对已经建好的空置温室大棚抓紧分配到户，如果村民不愿意购买就直接转入合作社或是承包给外地人。”

没有土地流转手续，就没法贷款，村民表示，“大棚建在我们家地上，又没有合同，凭啥给钱。”r镇人大主席×某说，“两个月来镇里一直在做村民工作，大家对补签合同、购买大棚积极性都不高，截至2017年2月底，全村567户，只有1户交了认购款。”

Ⅲ 政府部门的响应

连片出现的撂荒蔬菜大棚将何去何从，对此，当地政府做出如下回应。

F区p镇分管农业工作的×副镇长就此事对记者说：“我分管这方面的工作时间不长，以前这个温室大棚项目也不是我负责的，我只是知道这是一个扶贫项目，对于大棚闲置的原因，我需要了解具体情况后再做处理。”

D区蔬菜局的干部告诉记者，x村在2010年曾作为蔬菜大棚试点，由市政府全额出资，建了200个大棚，免费发到有意愿种大棚的农户手上。现在政府想扩大产业规模，拉着农民一起投资建设，但农民却一分钱也不愿意投入，政府部门的良好愿望在现实中遭遇了冷场的尴尬。提起现在撂荒的大棚，主管干部也是一肚子怨言。

D区蔬菜局干部×某：“农民想让政府给干，他们坐享其成，这是一个因素。x村的村民和村委会，在处理这个事情的时候，没有积极地跨出一步。”

在某市D区政府给记者回复的函件中写道：“D区大力发展设施蔬菜，总面积已达到5.5万亩，蔬菜投产率达到95%以上。”按照这样的说法，D区未投产的大棚应该只有5%，也就是2 750亩。可单是在记者走访的x村、w村、y村这三个村，就已经有近2 200亩的温室大棚在建成后出现了产权不明晰且没有投入使用。而在随后的调查中，出现了更多的闲置大棚。

(1) 媒体曝光

2013年6月14日《某省区晨报》报道，某市现有蔬菜种植面积3.7万亩，年产量却不足100万吨，以D区2012年新建大棚为例，已建成蔬菜大棚空置比例超过10%，但并没有引起相关部门的重视。2017年2月6日有媒体报道：《某市，千亩大棚长期闲置伤了众人心》。2017年2月24日，在某省区某市的A旗，记者拍摄到了这样的画面：成片的大棚空置、破损。记者的无人机在这片叫作“某农业产业园”的园区上进行了拍摄，行程1.8公里之后，画面上仍然看不到闲置大棚的尽头。这些大棚有的长了野草，有的破旧不堪，有的甚至只建了一半。一大片原本是耕地的土地上，现在冷清得只能看到一两个放羊的村民。采访中，当地百姓告诉记者，眼前的这片土地是2012年为了某市设施农业建设规划而征用的，到目前已经4个年头了，四年前，某市政府提出，市里围绕农业供给侧结构性改革，针对市民的需求，提供绿色蔬菜供应。手段就是通过发展设施蔬菜，真正达到调整农业结构，优化产业布局，满足市场供应，同时还能增加农民收入。2017年3月29日有媒体报道：《政府闭门造车，某市数千亩大棚撂荒，惠民工程惨变“烫手山芋”》……随着媒体的陆续报道，这一问题引起有关部门的高度重视，并对此事件展开了深入的了解和调查。

(2) 蔬菜大棚闲置的根源

① 合作社资金链断裂，百姓不再信任

某市政府下达任务，由村委会负责落实。在具体执行过程中，由于村委会和村民土地流转合同签订不到位，农民拿不到土地转包费；或者村委会主任领用政府补贴自己承办合作社，由于工程施工及债务等原因，农民不信任村主任承办的合作社，不愿意种植大棚。

② 菜价走低，挣不到钱

由于村内年轻劳动力外出务工、缺乏劳动力，政府预测失误，过多的建设蔬菜大棚超出实际需求、蔬菜价格走低，菜农入不敷出等因素导致多数大棚闲置。

③ 政府补贴不足或不到位，农民自掏腰包，大棚权属不明确

建设一座蔬菜大棚成本10万多元，来自政府层面的补贴资金只有3万元，剩余大部分资金需要农民自己支付，建成的蔬菜大棚因权属不明确等原因直接影响农民的积极性及大棚的建设与利用。某市县（区）政府承诺的每亩大棚共计补贴3万元，究竟有没有到位，有多少资金到位，如何使用这笔钱，也无从知晓。这也导致不仅被占用农地的农民不满意，就连垫资承建的工程队也拿不到工程款。种种纠结与尴尬之下，一片片已建好或建到一半的蔬菜大棚只能闲置在那里。

(3) 政府整改工作

① 政府投资，完善农业基础设施

为了尽快解决闲置大棚的问题，某市D区区委和区政府采取了一些措施。首先修缮了温室及配套的农田水利设施。2017年D区政府，投入6 000多万元，进行道路的修缮、棉被更新、棚膜更换、低压管道的架设等基础设施的维护，解决了1 000多亩蔬菜大棚的闲置问题，使其投入生产。其次聘请农业专家，提供技术指导。政府出面从省内外聘请了多位科技特派员进行技术指导与服务。通过这些措施保证闲置蔬菜大棚尽快投入使用。例如针对农业产业、温室产业的发展聘请某大学的教授，开展了三期高素质农民培训，提高了农民的种植技术。

② 支付农民土地流转费用，提高了政府的公信力

D区r镇x村的蔬菜大棚基地，过去因村委会未付农民土地流转费，村民阻拦导致建成的440栋温室大棚中有320栋未投入使用，如今，x村委会已经一次性支付农民2014—2016年三年共201万元土地流转费用，改善了农民与农村集体经济组织之间的关系，增强了农民对政府的信任。

③ 政府牵头招商，形成规模经营

政府牵头招商，引入农业公司和个体种植户。D区r镇x村，引入农业公司和个体种植户，于2017年8月底前全部开始种植生产；m镇s村的蔬菜大棚基地，546栋大棚中369栋建成并已投入使用，其余177栋温室大棚由D区政府负责牵头招商，引入农业公司和个体种

植户，于2018年8月底前全部开始种植生产……还有很多各地未建成的项目，目前都由各旗县区政府负责落实具体措施，确保项目按期完成。

借鉴成功经验，推动蔬菜大棚专业化经营。某市政府借鉴外地成功经验，引导扶持相对集中连片的生产村成立蔬菜专业合作社。充分发挥其内联农户、外联市场的桥梁和纽带作用，开展产前、产中、产后全方位服务；通过菜农与超市、菜农与蔬菜批发市场对接等形式，减少中间环节，稳定蔬菜价格，增加菜农收入；积极引入和培育一批农牧业龙头企业参与蔬菜种植，支持现有种植大户、合作社扩大生产规模，鼓励大学毕业生走向生产一线，推动蔬菜生产走公司化运作、产业化经营、专业化管理的路子。

④ 发挥区域优势，发展特色农产品

某市相关部门负责人认为，应搞好各区域内的规划布局，调整结构，实行“一乡一区，一村一品”，集中成片，实现区域化、规模化布局。2016年，农业部在全国范围进行了第六批全国“一村一品”示范村镇认定并下发了相关通知，某省区申报的9个“一村一品”示范村镇全部通过认定。其中“绿联油葫芦”成为某市D区h镇z村的特色农产品。

⑤ 加大相关部门的考核力度

某市政府把设施农业的建设和有效利用列入对各旗县区的考核范围内。为加快推进农业的区域化布局、标准化生产、规模化种养，促进全市农村经济全面、快速、健康发展提供保障。

Ⅳ 结束语

党的十八大以来，特别是党的二十大以来，我国大力实施农业供给侧结构性改革，农业设施用地在农用地中的比例逐年递增。推动设施农业建设项目的发展，对助力乡村振兴战略至关重要，还能够对土地粗放经营、农业基础薄弱等问题提供解决途径。为了更好地适应现代农业发展需要，促进设施农业健康有序发展，完善设施农用地管理，依法对设施农用地采取“巡查制”和“年审制”相结合的长效管理办法，有利于确保设施农用地按规划使用。

政府是代表国家依法行使行政权、管理行政事务的机关，各级政府代表国家在各自行政管辖范围内行使土地管理权，即政府是土地管理的主体。因此在土地利用及土地管理中，首先，政府具有保障土地市场机制的正常运行、纠正市场失灵的职责；其次，政府作为公共利益的代表，具有为社会提供公共产品和公共服务、消除土地利用的负外部性、协调土地使用者之间的利益、保障土地配置的公平和效率的职责。

政府既是公共利益的代表，又是公共权利的行使者，这种权利对全社会成员具有强有力的约束力和权威性。所以在农业用地利用中政府必须加强对农业土地市场的调研，以土地市场供需为导向，因地制宜地编制规划和制定相关规章。在用地审批环节中，加强审批程序的科学性、规范性，全面落实设施农用地的管理。针对土地闲置、土地流转问题，政府部门和农业部门应通过对执法行为的监管，对有案不查、执法不严的应坚决予以纠正，建立设施农用地信息报备制度，全面掌握区域内设施农用地利用情况和发展趋势，及时准确地开展设施农用地核实工作。建立一套科学的、行之有效的决策机制，实现决策的科学化、民主化和法制化，用科学的指标体系对决策进行评估，保证政策正确执行。同时，地方政府要加大惠农政策的力度，积极推动招商引资等措施，带动农村经济发展，推动乡村振兴。

Ⅴ 思考题

① 案例中导致蔬菜大棚用地闲置的根本原因是什么？

② 案例中政府对土地供需市场错误预判导致的危害体现在哪几个方面？

③ 如何在土地利用过程中协调土地供需关系？

④ 采取哪些措施可以提高地方政府在土地利用中的决策职能？

⑤ 基于《中华人民共和国土地管理法》，如何完善土地流转机制？

4.4.2 案例使用说明书

规范设施农用地建设，加强土地监管职能

Ⅰ 课前准备

（1）熟悉《中华人民共和国土地管理法》中关于土地闲置、土地流转和土地利用总体规划方面的条文。预习《土地管理学》中关于土地管理一般过程的内容。了解《公共管理学》中关于政府失灵、公共管理组织和公共管理者角色的相关理论。

（2）课前思考题：结合案例，思考土地闲置问题有哪些？应该怎样解决？

（3）明确案例具体的教学目的，制定详细的教学计划，设计课堂活动实施方案。

（4）准备其他与教学相关的材料以及硬件设施。

Ⅱ 教学目的与用途

（1）教学目的

使学生或学员了解土地管理相关法律法规以及国家对于土地闲置的处理办法。围绕该事件发生的始末，深入思考地方政府在土地利用管理过程中的行为表现以及造成的不良影响和危害。

具体目标：

① 总结土地闲置的教训，结合土地利用总体规划，为闲置耕地持续利用和管理提供相关办法。

② 探讨采取何种政策手段才能防止地方政府决策失灵以及危机管理。

③ 了解与案例有关的土地管理相关法律法规以及防范政府失灵的相关理论。

④ 使学生或学员认识到我国土地管理制度目前依然存在的缺陷，鼓励学员对我国土地管理制度的完善进行不懈探索。

（2）适用课程

公共管理、土地资源管理、社会管理。

（3）适用对象

MPA学员、土地管理学员、土地资源管理硕士研究生。

Ⅲ　启发思考题

① 案例中导致蔬菜大棚用地闲置的根本原因是什么？

② 案例中政府对土地供需市场错误预判导致的危害体现在哪几个方面？

③ 如何在土地利用过程中协调土地供需关系？

④ 采取哪些措施可以提高地方政府在土地利用中的决策职能？

⑤ 基于《中华人民共和国土地管理法》，如何完善土地流转机制？

Ⅳ　分析思路

第一，从公共管理和土地资源管理角度出发，引导学生或学员了解国家关于闲置土地的相关法律法规和政策，认识土地供求关系、违背土地利用总体规划的影响。再从土地可持续利用的角度出发，使学生或学员了解土地资源的不合理利用对社会、经济、生态环境造成的不利影响。

第二，深度了解该案例的始末，从事件一经曝光及地方政府和相关机构的管理不到位，再到上级政府的高调积极回应及从严整改。分析案例中地方政府、相关组织及农民的利益关系，重点探究地方政府失灵行为产生的内在驱动力的根源及危害性。

第三，引导学生或学员大胆提出假设：如果你是土地执法者，遇到该类事件应当怎样去处理？如果让你代表地方政府，你会怎样去做？你会选择积极整改并加大打击力度，还是从根源上找原因并制订科学的管理规程（引导学生或学员通过产业结构优化及土地利用管理的科学决策，让公众积极参与，从而提高土地集约利用决策的有效性，强化以法律手段治理土地闲置问题）。

第四，总结案例，对于该类事件所产生的后果从政府形象、农民利益及生态环境等方面进行综合分析，再从治理手段上积极尝试采用多种模式盘活闲置土地。对于已有的闲置土地，地方政府应积极沟通，配合企业尽早进行开发，对于有困难的，要积极帮助解决，可以鼓励其联合开发或采用回购的方式，尽早盘活土地，尽可能地减少土地闲置现象。将闲置土地的处置力度作为考核地方政府执政能力的考核因素。建立规范有效的土地税收体系，对认定的闲置土地应加大处置力度。

Ⅴ　案例知识点

(1) 核心概念的界定

① 闲置土地

1999年国土资源部发布的《闲置土地处置办法》对闲置土地的认定进行了明确规定。闲置土地是指土地使用者依法取得土地使用权后，未经原批准用地的人民政府同意，超过规定的期限未动工开发建设的建设用地。

随着经济社会的发展，对于闲置土地的含义有了更加明确的界定。目前在中国农村的闲置土地主要分为两大类：第一类是农村的闲置耕地；第二类是闲置的建设用地。在《中华人民共和国土地管理法》及《中华人民共和国土地承包法》中，对于闲置耕地的规定是，长期搁置荒芜耕地，即土地使用者长期闲置耕地，不进行耕种，导致肥力下降，耕地质量较差；而闲置建设用地的界定与早前出台的办法中的规定一致。

② 设施农业用地

设施农业用地是指在农业项目区域内，直接用于农产品生产的设施用地。根据现代农业生产特点，从有利于支持设施农业和规模化粮食生产发展、规范用地管理出发，将设施农用地具体划分为生产设施用地、附属设施用地以及配套设施用地。生产设施用地是指在设施农业项目区域内，直接用于农产品生产的设施用地，包括：a. 工厂化作物栽培中有钢架结构的玻璃或PC板连栋温室用地等；b. 规模化养殖中畜禽舍（含场区内通道）、畜禽有机物处置等生产设施及绿化隔离带用地；c. 水产养殖池塘、工厂化养殖池和进排水渠道等水产养殖的生产设施用地；d. 育种育苗场所、简易的生产看护房（单层，小于15平方米）

用地等。附属设施用地是指直接用于设施农业项目的辅助生产的设施用地，包括：a. 设施农业生产中必需配套的检验检疫监测、动植物疫病虫害防控等技术设施以及必要的管理用房用地；b. 设施农业生产中必需配套的畜禽养殖粪便、污水等废弃物收集、存储、处理等环保设施用地，生物质（有机）肥料生产设施用地；c. 设施农业生产中所必需的设备、原料、农产品临时存储、分拣包装场所用地，符合“农村道路”规定的场内道路等用地。配套设施用地是指由农业专业大户、家庭农场、农民合作社、农业企业等，从事规模化粮食生产所必需的配套设施用地，包括晾晒场、粮食烘干设施、粮食和农资临时存放场所、大型农机具临时存放场所等用地。

③ 土地流转及其方式

土地流转是指土地使用权流转。土地使用权流转的含义是指拥有土地承包经营权的农户将土地经营权（使用权）转让给其他农户或经济组织，即保留承包权、转让使用权。可以通过转包、转让、入股、合作、租赁、互换等方式出让经营权，鼓励农民将承包土地向专业大户、合作社等流转，发展农业规模经营。

土地流转的主要方式有：

1）土地互换。是农村集体经济组织内部的农户，为方便耕种和各自的需要，对各自土地的承包经营权进行的简单交换，是促进农村规模化、产业化、集约化经营的必由之路。

2）土地出租。在市场利益驱动和政府引导下，农民将其承包土地经营权出租给大户、业主或企业法人等承租方，出租的期限和租金支付方式由双方自行约定，承租方获得一定期限的土地经营权，出租方按年度以实物或货币的形式获得土地经营权租金。其中，有大户承租型、公司租赁型、反租倒包型等。

3）土地入股。亦称“股田制”或股份合作经营，是指在坚持承包户自愿的基础上，将承包土地经营权作价入股，建立股份公司。在土地入股过程中，实行农村土地经营的双向选择（农民将土地入股给公司后，既可继续参与土地经营，也可不参与土地经营），农民凭借土地承包权可拥有公司股份，并可按股分红。该形式的最大优点在于产权清晰、利益直接，以价值形态形式把农户的土地承包经营权长期确定下来，农民既是公司经营的参与者，也是利益的所有者，是当前农村土地流转机制的新突破。

4）宅基住房。宅基地换住房，承包地换社保。也就是说，农民放弃农村宅基地，宅基地被置换为城市发展用地，农民在城里获得一套住房。农民放弃农村土地承包经营权，享受城市社保，建立城乡统一的公共服务体制。

5）股份合作即“股份＋合作”模式。这种模式是，农户以土地经营权为股份共同组建合作社。村里按照“群众自愿、土地入股、集约经营、收益分红、利益保障”的原则，引导农户以土地承包经营权入股。合作社按照民主原则对土地统一管理，不再由农民分散经营，合作社挂靠龙头企业进行生产经营。

④ 农用地流转

农用地流转是指农村家庭承包的土地通过合法的形式，保留承包权，将经营权或使用权转让给其他农户或其他经济组织的行为，是农村经济发展到一定阶段的产物，通过土地流转，可以开展规模化、集约化、现代化的农业经营模式，是指农用土地的利用要由低效低值向高效高值转化。农用地的流转模式包括农用土地的所有权流转和使用权流转两个方面。

其中农用地使用权的流转有着以下三个方面的必要性：

1）农村生产要素市场的建立和完善在客观上要求农用地使用权实现流转。土地是农业生产不可缺少的生产要素，随着我国社会主义市场经济建设进程的加快，农用地使用权流转市场的建立和完善日益成为一个迫切需要解决的理论和实践问题。

2）改变小农经营模式、实现农业的大规模现代化耕作，要求农用地使用权实现流转。小农经营的原始耕作方式，使得土地过于零碎，现代化的机械耕作方式较难推广，从而阻碍了农业劳动生产率的提高，也导致了我国农业生产成本的高昂和农产品商品率的偏低。只有建立起有偿的农用地使用权市场，让土地向一些有种田技术、经营有方、愿意继续扩大经营规模的能手大户集中，才能发展适度规模经营，推广现代的农业耕作方式从而提高劳动生产率。

3）农用地使用权流转是实现农民非农化和农村经济社会多元化的需要。农用地使用权流转市场的完善，可让农民有偿地从市场上得到土地使用权，有偿地转让土地使用权，就能够“解放”农民，用市场这只“看不见的手”来配置土地资源，使得有些无心从事农业经营，而愿意在城市或农村从事其他非农产业的农民可以有机会去实现自己的愿望。这样做可以从根本上杜绝现在大量存在的土地粗放经营或抛荒的现象，使土地资源得到有效利用。而且，从长远来看，有偿地实现农村土地使用权的流转可以繁荣农村工商业和各类服务性行业，实现农村经济社会的专业化、多元化，对提高我国城市化水平也将产生积极的影响。

⑤ 土地市场供需及土地市场特点

土地市场是指土地作为特殊商品交易的场所或接触点，是土地交易过程中发生的经济关系的总和。土地供给是指可利用土地的供给，即地球所能提供给人类利用的各种生产和生活用地的数量，分为土地的经济供给和土地的自然供给。土地需求是指在一定的历史发展阶段，国民经济各产业部门为了维持其生产活动和人类生活所需对土地需要的总量。土地市场供需是指土地作为商品进行交易时，可利用土地的供给与人类生产生活所需土地之间的关系。

目前我国土地市场有以下几个特点：

1）中国土地市场是驱动型市场，中国政府顺应经济发展的客观规律，有步骤地建立起符合中国经济体制改革要求的土地市场。最初进入市场交易的只有少数沿海开放城市的国有建设用地，在取得一定经验之后，逐步推向全国城镇国有建设用地，同时政府对进入市场的主体、客体都有严格的限定。

2）中国土地市场以社会主义土地公有制为基础，无论是城镇国有土地市场还是农村土地市场，进入市场交易的只是一定期限的土地使用权，土地所有权不进入市场。

3）中国城镇国有土地使用权市场是垄断竞争型市场，根据《中华人民共和国宪法》、《中华人民共和国土地管理法》和《中华人民共和国房地产管理法》等法律规定，国家对国有土地使用权实行有期限的出让、转让和出租等制度。土地转让市场即二级土地市场则完全开放，土地供求双方可根据市场行情自由转让、出租和抵押土地使用权。

4）中国正在建立城乡统一的土地市场，目前具有法律依据的只有城镇国有土地使用权市场和农村集体土地承包经营权流转市场，正在进行农村集体建设用地进入市场流转的改革。

⑥ 土地利用总体规划可行性分析

土地利用规划是在一定区域内，根据国家社会经济可持续发展的要求和当地自然、经济、社会条件对土地开发、利用、治理、保护在空间上、时间上所作的总体的战略性布局和统筹安排；是从全局和长远利益出发，以区域内全部土地为对象，合理调整土地利用结构和布局；以利用为中心，对土地开发、利用、整治、保护等方面做统筹安排和长远规划。目的在于加强土地利用的宏观控制和计划管理，合理利用土地资源，促进国民经济协调发展，是实行土地用途管制的依据。

土地利用规划可行性分析主要是研究规划实施能否如期完成规划目标所确定的指标，并分析规划实施的可能性，通过数据采集来评估和预测规划的有效性以及规划实施后所产生的效益，是规划在编制前期以及中期评估分析中重要的研究方法。可行性研究主要将社会经济效益作为核心内容，并结合影响规划实施的各种因素，从而评价规划的实施成效。

⑦ 政府失灵及其主要类型

政府失灵是指政府的活动或干预措施缺乏效率，或者说政府做出了降低经济效率的决策或不能实施改善经济效率的决策。

政府失灵的主要类型有：a. 政府内部性，又称政府自利性，就是指政府及其成员追求自身动机、目标与利益而非社会福利，是政府失灵的一种基本的或体制性的形式。b. 政府行为的外部性，政府行为的外部影响与外在成本就是政府行为的外部性。当政府干预对干预对象产生了正面影响即达到了干预目的，且这种正面影响的收益超出了政府行为的外在成本时，政府行为表现出正外部性或外部经济性。当政府干预对干预对象产生了负面影响即没有达到干预目的，政府行为表现出负外部性或外部不经济性。c. 政府特许经营，政府特许经营具有排他性与垄断性，弱化行业竞争，并给特许经营企业创造垄断利润。特许经营企业为获得牢固的特许经营地位或赚取更大的垄断利润，将以部分垄断利润为代价进行非生产性的寻租活动，甚至俘获政府及其成员，造成社会福利损失与政府失灵。d. 信息不完全和不对称，政府对社会失灵与市场失灵进行干预时存在信息不完全和不对称困扰。信息不完全和不对称可能导致政府决策失误、执行不力与监管失当，典型情况是企业对政府的信息封锁迫使政府监管不到位。e. 政府被企业俘获，政府及其成员为了追求自身利益极大化会去主动创租，而且政府的一些制度安排，如政府特许经营，即使政府及其成员事先并没有创租意愿，但却无意间创造了额外租金，这种创租是政府的无意创租。企业寻租的成功意味着政府及其成员的俘获，一旦政府及其成员被企业俘获，将为企业获取更多的额外租金提供工具，从而极大地损失社会福利。

（2）相关法律法规

①《中华人民共和国土地管理法》

第十三条　农民集体所有和国家所有依法由农民集体使用的耕地、林地、草地，以及其他依法用于农业的土地，采取农村集体经济组织内部的家庭承包方式承包，不宜采取家庭承包方式的荒山、荒沟、荒丘、荒滩等，可以采取招标、拍卖、公开协商等方式承包，从事种植业、林业、畜牧业、渔业生产。家庭承包的耕地的承包期为三十年，草地的承包期为三十年至五十年，林地的承包期为三十年至七十年；耕地承包期届满后再延长三十年，草地、林地承包期届满后依法相应延长。

国家所有依法用于农业的土地可以由单位或者个人承包经营，从事种植业、林业、畜牧业、渔业生产。

发包方和承包方应当依法订立承包合同，约定双方的权利和义务。承包经营土地的单位和个人，有保护和按照承包合同约定的用途合理利用土地的义务。

第三十八条　禁止任何单位和个人闲置、荒芜耕地。已经办理审批手续的非农业建设占用耕地，一年内不用而又可以耕种并收获的，应当由原耕种该幅耕地的集体或者个人恢复耕种，也可以由用地单位组织耕种；一年以上未动工建设的，应当按照省、自治区、直辖市的规定缴纳闲置费；连续二年未使用的，经原批准机关批准，由县级以上人民政府无偿收回用地单位的土地使用权；该幅土地原为农民集体所有的，应当交由原农村集体经济组织恢复耕种。

②《关于完善设施农用地管理有关问题的通知》（国土资发〔2010〕155号）

1）签订用地协议。设施农用地使用前，经营者应拟定设施农用地建设方案，内容包括：项目名称、建设地点、设施类型和用途、数量、标准和用地规模等，并与乡镇政府和农村集体经济组织协商土地使用年限、土地用途、土地复垦要求及时限、土地交还和违约责任等有关土地使用条件。协商一致后，建设方案和土地使用条件通过乡镇、村组政务公开等形式向社会予以公告，公告时间不少于10天；公告期结束无异议的，乡镇政府、农村集体经济组织和经营者三方签订用地协议。

涉及土地承包经营权流转的，经营者应依法先行与承包农户签订流转合同，征得承包农户同意。

2）用地协议备案。用地协议签订后，乡镇政府应按要求，及时将用地协议与设施农用地建设方案报县级国土资源部门和农业部门备案，不符合设施农用地有关规定的不得动工建设。

③ 2013年中央1号文件

农村土地流转不得改变土地集体所有性质，不得改变土地用途，不得损害农民土地承包权益。也就是说，农村土地流转后，相当于“三权分离”：经营权归受让方，承包权归承包农户，所有权归属于集体。流转后的土地，仍然只能用于发展农业，不能用作房地产开发等其他用途；农民依法享有土地流转权益，如租金、股份分红等。这也体现了中央切实维护农民权益的宗旨。

（3）案例分析

本案例由三个部分组成。

第一部分：客观描述了某省区某市关于建设蔬菜大棚的背景和具体的建设过程。

地处北方的某省区某市，冬季产菜困难，春冬季节菜价极高，为了保证当地人民吃上新鲜便宜的蔬菜，也为了加快新农村建设步伐，某市政府于2012年提出了“突出抓好以蔬菜为主的设施农业”，保证“菜篮子”产品供应的发展规划。在包括A旗、D区、C县在内的7个旗县发展设施农业，计划用三年时间，建设3万多栋温室、建设16万亩蔬菜大棚，帮助农民致富增收。

按照规划，到2015年，某市要新增蔬菜保护地16万亩，其中高效日光温室占70%，塑料大棚占30%，力争自给蔬菜总产量达到100万吨以上，四季蔬菜供应均衡问题得到根本解决。为此，某市共整合投入蔬菜基地建设资金284 746万元，其中补贴引导资金46 595万元，协调贴息贷款75 850万元，市政府协调借款10 000万元，以此为引导，调动社会资金投入达152 301万元。

2012—2016年，某市大力投入人力、财力，全力建设蔬菜大棚。

为增加当地蔬菜上市的品种和数量，提高蔬菜的自给率，某市重新对农户单个蔬菜种植户进行整合，重点发展温室和大棚蔬菜种植专业村和专业乡。但在蔬菜大棚用地建设及整村推进的过程中，出现了新建成或即将建成的温室大棚基地的数量急剧增加、老旧大棚废弃、建成的大棚闲置现象日益严重等问题，在这种情况下，政府不但没有停止和制止蔬菜大棚的建设，反而依旧投入资金建设新大棚。

第二部分：通过对事件的描述，反映了地方政府对土地供需市场判断不充分，导致决策脱离实际，无法得到群众的认同。

根据2012年某省区经济作物工作站统计，某市人均蔬菜需要量为238千克/人，总人口为294.88万人。城镇人口192.33万人，蔬菜总需要量为45.77万吨。2012年蔬菜亩产量为3.4吨，蔬菜用地总需要量为13.46万亩。如果考虑从周边城市调入的蔬菜供应量，则某市政府规划蔬菜大棚用地16万亩的指标，远超过实际用地需求。因此，由于地方政府对土地供需市场了解不全面，导致土地利用决策失误，出现大量蔬菜大棚用地闲置，造成耕地荒芜和地力下降，进而损害农民利益，使得地方政府失去公信力。

第三部分：对于大批闲置蔬菜大棚用地现象的补救整改。

基于合作社资金链断裂、百姓不再信任、菜价走低，挣不到钱、政府补贴不足或不到位、农民自掏腰包、大棚权属不明确等原因产生的蔬菜大棚用地闲置等诸多问题，地方政府通过加大投资力度，在完善农业基础设施、支付农民土地流转费用等方面采取了相应的补救措施，逐步恢复了政府的公信力。通过招商引资，完成规模化经营，在充分发挥区域优势、发展特色农产品等方面进行了全面整改，使得闲置蔬菜大棚用地现象得到了有效缓解，提高了土地有效利用率。

（4）案件的关键点

① 当地政府为解决民生问题，在制定发展规划时忽视土地市场规律，在规划实施的过程中出现了土地闲置及土地流转不畅等问题。

1）土地供需市场不平衡。土地供给是指在一定的技术经济条件下，人类可利用的各种土地资源的数量，包括已利用的和未利用的后备资源储量的总和。土地需求，是指人类为了生存和发展，利用土地进行各种生产和消费活动的需求。土地需求的一个重要特点是，土地需求是一种引致需求，或者说是一种派生需求，是由于对土地产品的需求才有对土地的需求。在土地供求关系中人们可以通过改变土地用途来增加某种用途的土地供给。在本案例中，由于对蔬菜需求量的预测偏差，导致土地的供给远大于土地需求。

2）土地流转要尊重市场规律。农用土地流转主要是为了发展现代农业，保障国家粮食安全。土地流转要遵循市场规律，符合土地流转程序（图 4－7）。本案例中农用地流转程序不规范，违背了土地合理利用获得最佳效益的原则，使得土地转出方和土地需求方的利益都受到了损害。

3）集约利用土地，避免土地闲置。在本案例中，大批蔬菜大棚建设和农村劳动力转移，导致土地闲置，造成农民群众收入降低，耕地地力下降。当前土地闲置问题亟待解决，同时要实行集约利用土地，提高土地的经济收益，让农民群众从土地中有更多的“获得感”。

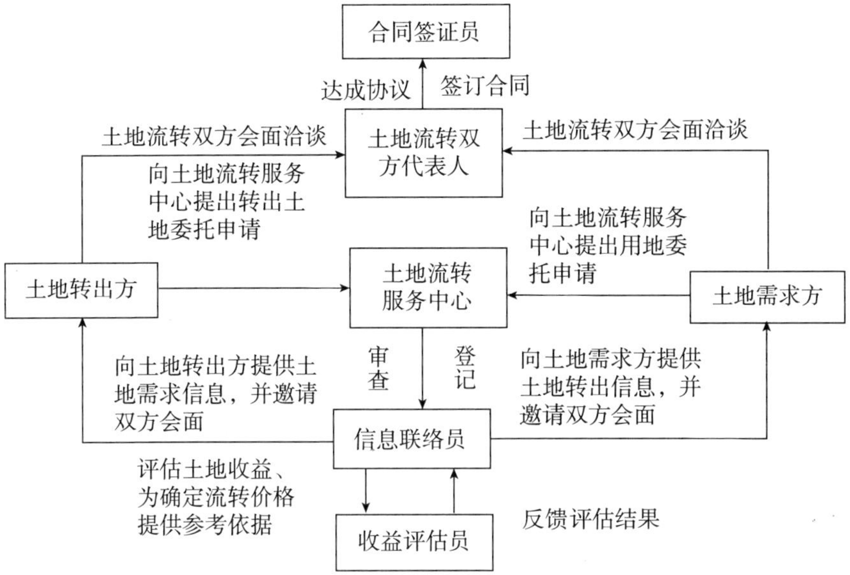

图 4-7　土地流转工作流程图

② 地方政府决策失灵以及危机管理

关于建设蔬菜大棚，某市政府在制定发展规划时，没有充分考虑发展前景，做出了既破坏生态环境又降低经济效益的决策。政府部门是公共事件管理的主体，事件发生后，应该第一时间发布客观信息，抢占“话语权”，让公众知道“发生了什么”，然后通过后续信息传播，及时向公众和媒体提供热点信息、权威资讯，让公众知道事件的真相，消除社会恐慌。拖延时间、紧捂真相、躲避媒体、公布虚假消息的做法无助于危机的缓解，只会让政府部门陷入更加被动的“舆论漩涡”，甚至演变为更加严重的公信力危机。

Ⅵ　课堂安排

案例主要以讨论的形式开展，教师按照班级人数划分小组，分发案例材料。按照对学员的理解能力与思考能力强弱合理分配课时。示例如下：

第一阶段：熟悉《中华人民共和国土地管理法》的相关条款及相关理论知识（20 分钟）

结合课前准备，教师有目的地引导学生或学员熟悉《中华人民共和国土地管理法》中相关条款和相关理论。

第二阶段：案例阅读与回顾（共85分钟）

1. 教师提出思考问题的方向，学生或学员开始阅读案例（20分钟）。

2. 教师主持引导全部同学讨论（30分钟）。

问题一：案例中导致蔬菜大棚闲置的根本原因是什么？

问题二：案例中政府对土地供需市场错误预判导致的危害体现在哪几个方面？

3. 归纳总结（20分钟）。

3.1 教师在介绍土地闲置现象、土地闲置问题等基本概念的基础上，对全班同学的讨论结果进行总结。

3.2 教师引导学生围绕土地闲置问题，探讨土地闲置现象产生的根源并进行总结。

4. 课间休息（15分钟）。

第三阶段：分组讨论，学员记录讨论结果（30分钟）

将学生分为3组，每组7～8人：第一组讨论“问题三”；第二组讨论“问题四”；第三组讨论“问题五”；

问题三：如何在土地利用过程中，协调土地供需关系？

问题四：采取哪些措施，可以提高地方政府在土地利用中的决策职能？

问题五：基于《中华人民共和国土地管理法》如何完善土地流转机制？

要求：每组要求做记录，每组推选1名汇报人向全班汇报本组讨论结果。

第四阶段：汇报讨论结果，梳理主要观点，整理讨论结果（45分钟）

5. 各小组汇报讨论结果，对每个小组的汇报结果，鼓励学员勇于批判、大胆设想你作为地方政府的公共管理者，当该事件发生时如何应对？

6. 对案例涉及的核心概念与问题、争论的焦点与困惑予以正确引导并做总结。

4.5 案例5：光伏大棚“夭折”，撂荒耕地盐碱化

4.5.1 案例正文

光伏大棚“夭折”，撂荒耕地盐碱化

——某区西部某市a镇b村地方政府执行监管过程分析

摘要：光伏农业是未来农业发展的趋势之一，也是促进现代农业实现跨越发展的强大推动力。发展光伏农业，将丰富的太阳能资源应用于农业生产，能使千百年来的传统农业重新焕发生机。该案例聚焦于某区西部某市a镇b村，在建设光伏农业大棚项目过程中，由于投资企业资金链的断裂而引发项目搁置、耕地撂荒、土地盐碱化加剧等问题，运用野外调研、实地访谈、3S技术等研究方法，阐述了地方政府为解决资金短缺及耕地撂荒问题而采取的政府垫资、引进第三方组织整治修复用地等策略。通过对政府解决光伏大棚项目搁置及派生问题的全过程描述，希望地方政府理性对待光伏农业及引进项目，以耕地数量、质量和生态“三位一体”保护为核心，提升现有光伏农业大棚土地集约利用效率并探索农地治理现代化，为提升地方政府执行、监管能力提供有益借鉴。

关键词：光伏大棚；撂荒耕地；盐碱化；地方政府；某区某市a镇

引言

光伏农业是高效农业与光伏发电有机结合的高新技术产业，是将太阳能发电广泛应用到现代农业种植、养殖、灌溉、病虫害防治以及农业机械动力提供等领域的一种新型农业。光伏和农业作为阳光需求的两大产业，在互相有机兼容的同时具有节约土地、循环利用、节能减排、保水保肥、生态环保等优势，这不仅符合国家节能减排的政策和发展现代农业的客观要求，对于解决中国当前耕地后备资源不足，人地矛盾突出

及农业转型也具有重要意义。随着《国务院关于促进光伏产业健康发展的若干意见》（国发〔2013〕24号）的出台和实施，光伏农业在中国得到迅速发展，据不完全统计，截至2018年，中国农业光伏电站年装机容量达到3.26GW（吉瓦），累计装机容量达到12.416GW（吉瓦）。依托优越的地理位置和丰富的光照资源，某区在发展光伏农业方面显得尤为突出，据中商产业研究院2019年统计，某区光伏产业开发区个数和面积在全国排名第二，光伏产业发展前景看好。但在2020年土地利用遥感影像的监测中出现的某区西部某市a镇b村附近的大片盐碱荒地和数排砖混结构的“围墙”，与其周围纹理规则、颜色清楚的高质量耕地产生了明显的差异（图4-8）。通过实地走访和与村民的访谈方知，这块荒废的盐碱荒地曾经也和周围的土地一样，是质量较好的耕地，这些一排排的“围墙”竟是光伏农业大棚建设工程遗留的建筑。

图4-8 “夭折”的光伏农业大棚位置图

那么，为什么令人看好的光伏农业成了废弃的“围墙”？为什么被农民看作比生命还重要的耕地变成了盐碱荒地？耕地变光伏农业大棚的过程中究竟发生了什么样的纠葛？

Ⅰ 优越的自然经济条件与政策背景

(1) 自然与经济条件

某区位于我国北部边疆，太阳能年总辐射量在1 342～1 948千瓦时/

平方米之间，年日照时数在 2 600～3 400 小时之间，太阳能资源较为丰富，是全国高值地区之一，所以发展光伏产业具有得天独厚的优势，从而光伏农业也成为某区新能源产业的主要产业。全区太阳能资源分布地区差异明显，呈自东向西递增的特点（图 4－9）。某区西部某市气候属于温带大陆性气候，年平均气温 6.8℃，平均年降水量 141.2 毫米，大于 10℃的有效积温 3 032℃，无霜期 140 天左右，日照时数 6 225 小时，昼夜温差大，植物霉菌少，大气、土壤和水质污染程度低，境内地势平坦，土壤肥沃，水资源丰富，适宜多种农作物和动物生长。

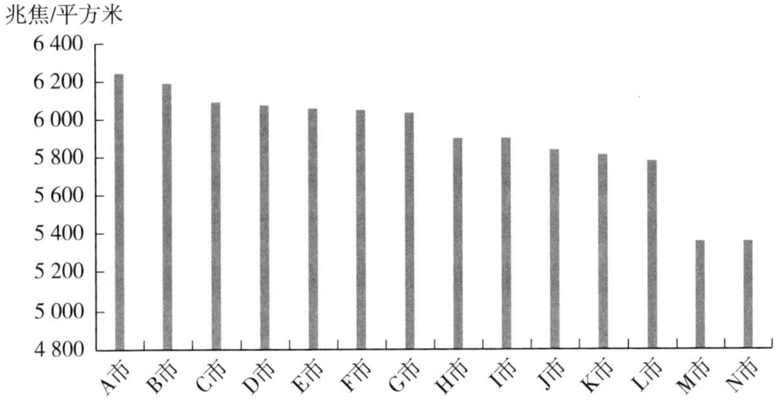

图 4－9　某区各市区太阳能辐射量

数据来源：各地气象站数据。

某区西部某市下辖 11 个镇，其中 a 镇下辖 7 个行政村，b 村位于某市近郊，交通便利，是一个城郊经济型村庄，现有耕地 6 133.33 公顷，人口 3.5 万人，其中农业人口 2.3 万人，农业基础条件好，科技含量高，农民经营意识强，干部群众招商引资、发展经济的积极性高，投资环境好，市场空间大。

(2) 政策及规划背景

光伏农业产业模式一经问世，在世界各地得到快速发展。中国自 2013 年国务院发布《关于促进光伏产业健康发展的若干意见》（国发〔2013〕24 号）以来，能源市场将目光投向了光伏产业，在各部门政策的推动下，中国光伏产业市场规模快速扩大，当年即跃居全球首位。为支持光伏产业发展，明确用地管理政策，原国土资源部、国家林业局等部门先后制定若干政策性文件（表4-3），各地政府也相继出台了相关政策，对光伏产业项目用地做出规范和界定。

为促进光伏产业健康发展，某区编制了《某区2013—2020年太阳能发电发展规划》。某区西部某市，太阳能资源丰富，年平均辐射量6 200兆焦/平方米（图4-9），某河流经本市所在区域，水资源较充足，所以形成了以某平原为核心区域的农业产业基地。某区太阳能发电发展规划在该市主要结合设施农业，建设部分光热电站，规划中规定，到2015年该市太阳能发电装机达到400兆瓦，到2017年发电装机达到500兆瓦，到2020年发电装机达到650兆瓦。

表4-3 国家各部门制定的关于光伏产业的相关文件汇总

发文日期	发文单位	发文名称	文件号
2015年	国土资源部等六部委	《关于支持新产业新业态发展促进大众创业万众创新用地的意见》	(国土资规〔2015〕5号，以下简称“5号文件”)
2015年11月	国家林业局	《关于光伏电站建设使用林地有关问题的通知》	(林资发〔2015〕153号)
2015年12月	国土资源部	《光伏发电站工程项目用地控制指标》	
2016年10月	国土资源部	《国土资源部办公厅关于光伏发电用地事项的函》	(国土资厅函〔2016〕1638号，以下简称“1638号函”)
2017年9月	国土资源部 国务院扶贫办 国家能源局	《关于支持光伏扶贫和规范光伏发电产业用地的意见》	(国土资规〔2017〕8号，以下简称“8号文件”)

Ⅱ 项目的落户与施工

(1) 优势促施工

基于以上优势条件和政策规划背景，2015年，a镇政府在b村，通过招商引资的方式，与该市某生态工程有限公司（以下简称c公司）达成协议，在村里引进并建设一个光伏农业大棚项目，以此带动村民脱贫致富，项目占地28公顷。光伏农业大棚是光伏产业的主要模式之一，主要在大棚的部分或全部向阳面上铺设光伏组件，在保证整个温室大棚农作物采光需求的同时进行发电，太阳能光伏所发电量，可以支持大棚的灌溉系统，对植物进行补光，解决温室大棚冬季供暖需求，提升大棚温度，促使农作物快速生长，其优势主要体现在以下几个方面：

① 有效缓解人地矛盾，促进社会经济可持续发展

首先，光伏农业大棚发电组件利用的是农业大棚的棚顶，因此既不占用土地，更不会改变土地使用性质，从而能够大量节约土地资源的同时，对于人口大量增加的情况下（据统计，a镇2015年人口是2.4万人，2019年达到了3.5万人，4年时间内增加了1万多人），缓解人地矛盾方面起到积极作用。其次，光伏项目在原有农业耕地上建设，土地质量好，有利于发展现代农业及与之关联的第二、第三产业，进而提高当地农民的经济收入。

② 可灵活创造适宜不同农作物生长的环境

通过在农业大棚上架设不同透光率的太阳能电池板，能满足不同作物的采光需求，可种植有机农产品、名贵苗木等各类高附加值作物，还能实现反季种植、精品种植。

③ 满足农业用电需求、产生发电效益

利用棚顶发电不仅可以满足农业大棚的电力需求，如温控、灌溉、照明补光等，还可以将电并网销售给电网公司，实现收益，为投资企业产生效益。

④ 为绿色农业生产开辟新路径

与传统农业相比，光伏农业更加重视科技要素的投入、经营管理与劳动者素质的提高，因此作为一种新型的农业生产经营模式，在带动区域农业科学技术推广和应用的同时，通过实现农业科技化、农业产业化，将成为区域农业增效和农民增收的支柱型产业。

（2）村民盼施工

对于项目的引进，村民都满怀期待，乐此不疲。很快，c公司与众

多村民分别签订了土地流转协议，协议中约定c公司每年以每公顷12 000元的价格向村民支付流转费。

据村民们回忆说："当时，与公司签完协议，镇政府工作人员就把协议书全部收走了。当时的土地租赁实际价格大约是每公顷1 500～3 000元，c公司所支付的每公顷12 000元的土地租赁价格远远高出了当时的市场价格。"这对村民来说无疑是个巨大的诱惑，这也为接下来发生的一系列事情埋下了种子。

（3）多方共施工

村委会、村民、公司三方达成一致协议后，c公司很快就开始在这28公顷耕地上开始施工。工程如火如荼地进行着，村委会都把大部分工作重心放到了该工程上，村民也都积极参与该工程的建设，都想着能够借此工程来获取收益（图4-10）。

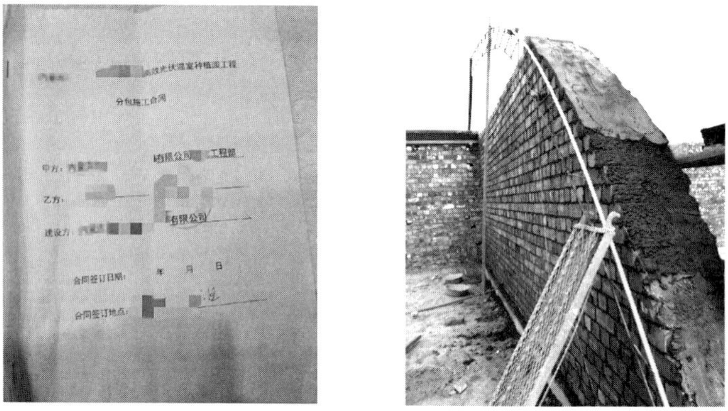

图4-10　光伏农业大棚项目施工合同和施工现场

Ⅲ　项目的搁置与面临的困境

可是好景不长，工程建设进行了一年多之后悄然停工，究其原因是由于c公司的资金链断裂，拖欠了巨额的工程款，迫使工程停止。

（1）村民的困境

项目从2015年启动后，开始向村民先后支付了3年的土地流转费，截止到2018年c公司还拖欠村民2018—2020年3年的土地流转费。拿不到土地流转费的村民们也曾多次向a镇政府和区政府反映情况，可始终得不到基层政府的正面回应和问题的有效解决。

实地采访中一位村民说，他家5口人共有1.8公顷土地，这1.8公顷土地全部被光伏农业大棚项目占用，从2018年开始已经连续3年没有拿到土地流转费，如今生活已经变得异常艰难。事实上，b村还有好多村民面临着同样的窘境。在这种情况下，失地农民只能承包其他村民的土地进行耕种，以此作为维持家庭基本生活的保障。

(2) 土地的破坏

光伏农业大棚项目的搁置，不仅减少了村民的收入来源，同时对土地本身也造成了极大的损坏。项目从施工到搁置，已有五年的时间，这也意味着这片耕地已经荒废了五年。在实地调查中发现一排排已经基本成型的大棚框架，建设得非常坚固，耕地由于长期的撂荒，质量已经不复当年，受当地自然条件的影响，耕地已经开始盐碱化且盐碱化程度十分严重（图4－11）。

图4－11　光伏农业大棚现状图

村民们说，若要把这片土地恢复到能够耕种的状态，已经不是一件简单的事，不仅需要花费巨资去拆除这些大棚框架，还要花费大量的时间、精力和财力，去对这片耕地重新翻新和整治，即便如此，也不一定能够达到之前的生产潜力。所以，这片耕地就一直处于荒废状态。

如何解决光伏农业大棚项目停工和28公顷耕地撂荒这个棘手的问题，已不是农民或企业单方面可以解决的问题，它需要集农民、政府、企业等多方面势力共同努力才可完成。

Ⅳ 政府部门的响应与项目的重启

（1）媒体的曝光

2020年4月下旬，《×报》×网记者经多方采访调查后发现，某区西部某市a镇b村光伏农业大棚项目因资金链断裂成了“烂摊子”，导致28公顷农田撂荒多年。记者采访时，处于荒废状态的光伏农业大棚项目一览无余。

2020年4月23日，b村党支部一位安姓负责人面对采访表现出“一问三不知”的状态。随后，记者又来到a镇政府，镇长告知，采访必须经区委宣传部许可。当日下午，经区委宣传部协调，a镇党委书记接受了记者采访，他表示，最初镇政府并没有参与到该项目中，是村民们自己把c公司引到村里来的。但后来镇政府盖章同意了该项目落地b村。在项目建设过程中，投资公司资金链断裂，工程就停了下来。施工方因拿不到工程款而导致众多农民工上访讨薪，区政府相关部门拿出投资公司抵押的数百万元保证金支付了部分农民工工资。如今，该项目还拖欠工程款和土地流转费用1 000多万元，而投资公司已经破产，彻底没有了支付能力。镇政府和区政府一直在想办法解决这件事，也曾经多次试图引进其他企业，可很多企业都不愿意接手这个“烂摊子”。采访中，镇政府方面一再强调该项目是村民们自己引进来的，而村民们则表示：“当初要是没有镇政府积极参与，我们这些村民哪有那么大的能量引进这么大的项目呀？现在，土地流转的合同都押在镇政府，村民们手里什么都没有，想去法院起诉都起诉不成。”

随着新闻媒介的介入和媒体的深度曝光，这一问题开始引起各级政府的注意和重视。

（2）政府的响应

《×报》×网报道刊发当日，a镇党委书记与记者通话告知，此事已经引起区、镇两级政府的高度重视，相关部门正在积极解决相关问题。与此同时，a镇党委书记给记者发来一份《关于某区a镇b村光伏温室园区项目遗留问题进展情况的说明》（图 4－12）。

×网　客户端　手机×　投稿　2021年02月22日 星期一

首页 新闻 某区 国内 国际 旅游 文化 读图 教育 生活 网视 财经 汽车 体育 娱乐

首页 > > 正文

某区a镇b村光伏大棚项目搁置：a 镇先行垫付部分土地流转费

2020-05-13 09:19:09　×网-《×报》

5 月 8 日，《×报》对西部某市某 a 镇 b 村光伏大棚项目搁置，导致 400 多亩农田撂荒多年的情况进行报道后，引起了当地政府的高度重视。

报道刊发当日，某区 a 镇党委书记弓某某与记者通话告知，此事已经引起区、镇两级政府的高度重视，相关部门正在积极解决相关问题。此外，党委书记给记者发来一份《关于某区 a 镇 b 村光伏温室园区项目遗留问题进展情况的说明》

图 4－12　a 镇 b 村光伏温室园区项目遗留问题进展情况的说明

说明稿具体内容：

2020 年 5 月 8 日，贵报对我镇 b 村光伏温室园区项目遗留问题进行了报道。现就项目进展情况说明如下：自项目停滞以来，区委、区政府高度重视，责成 a 镇党委政府多方联系、积极协调，就当前村民土地流转费、工程重新启动等核心问题进行了多次研究。目前，在区委、区政府的高度关注和积极支持下，项目遗留问题取得了一定进展。同时，a 镇党委政府已成立专项工作组，由主要领导牵头推进，具体工作有：

（1）垫付村民土地流转费。区政府召开专门会议研究，积极帮助 a 镇筹措资金，先行垫付部分土地流转费，有效保障农民的生活问题，缓和社会矛盾。

（2）加快推进工程重新启动步伐。首先，区政府出面，帮助协调相关企业，通过洽谈合作，给予相关政策支持，尽早实现接手启动，目前已与当地一家企业进行对接协商。其次，积极争取某区能源领域项目，以投入项目的方式尽早实现项目启动。

（3）项目的重启

2020年11月17日，记者再次与a镇党委书记取得联系时，他说，对光伏农业大棚项目中涉及的问题已经予以高度重视，项目预计于2021年春季开始重新启动和运营。2020年12月12日，课题组一行4人到达光伏农业大棚项目所在地，进行为期2天的实地调研。经走访村民得知（图4-13），该光伏大棚确实是由于企业资金链断裂导致“夭折”、耕地撂荒。事发后，区政府、镇政府高度重视此事，积极与村民代表沟通，最终经多方协商后，找到了此事的破解办法。a镇政府针对不同问题采取了对应的措施：

图4-13　课题组实地调研

① 关于土地流转费

区、镇两级政府经研究决定，把拖欠村民们共计3年的土地流转费一次性全部付清，为此a镇政府积极筹措资金，给村民们支付土地流转费的资金早已到位，正在和村民们商量如何发放和支付这笔款项。同时镇政府和村民代表还进行了商谈，现在，村民们正忙着秋收，等秋收完毕，签好协议就能领钱了。

② 关于光伏农业大棚项目的重启

由区政府出面，多方协调相关企业、多次洽谈有关事宜和政策上给予支持的前提下，与另一家企业（d公司）通过洽谈后已确定合作意向。新接手的这家企业最晚在明年（2021年）春天就接手这个项目并开始运营。

Ⅴ　结束语

太阳能发电与农业大棚相互兼容后的光伏农业，虽然具有快速发展的内在合理性、优越性和可行性，但在实践中由于项目前期投资多、技术要求高及受当地气候、土壤、灌溉和种植条件等的限制，每一个光伏农业大棚项目从方案设计到具体运行都具有唯一性的特点。

某区西部某市 a 镇 b 村光伏农业大棚项目牵扯到了村民、基层政府、企业、上级政府及土地等多个主体间的利益与责任和土地的充分利用问题。其中基层政府作为整个事件的引导者，对于项目而言，从引进、建设和后续运营肩负着不可推卸的责任；而对这块耕地，更担负着保障耕地数量、质量、生态“三位一体”新格局的重任。从“落户—搁置—补救—重启”于 b 村的光伏农业大棚项目来看，还存在着很多不容忽视的问题：

（1）对于这家新企业今后如何继续给村民们支付土地流转费，双方还需进一步协调。

（2）光伏农业项目建成后，光伏大棚种什么、怎么种、如何管理运营、盈利点在哪里、会不会出现亏损，这些问题还有待进一步细化。

（3）光伏农业大棚从落户到运营的全过程中，基层政府应该扮演什么角色、应该担负什么责任、应该起到什么作用，还需认真思考和付诸行动。

因此基层政府，作为公共利益的代表者和公共权力的行使者，应该如何进行自身定位、如何行使自身权利和履行肩负的责任，是该事件值得思考的重要问题。

Ⅵ　思考题

① 案例中导致 400 多亩耕地撂荒/光伏大棚闲置的根本原因是什么？

② 可以利用哪些手段提高政府为人民服务的积极性？

③ b 村 2018—2020 年未发放土地流转费，对该村脱贫产生什么

影响？

④ 案例中政府对光伏大棚项目引进的误判体现在哪些方面？

⑤ 如何在土地利用中切实保护耕地？

⑥ 基层政府作为公共利益的代表者和公共权力的行驶者，在耕地保护过程中应该如何发挥自己的职责？

4.5.2 案例使用说明

光伏大棚“夭折”，撂荒耕地盐碱化

——某区西部某市 a 镇 b 村地方政府执行监管过程分析

Ⅰ 课前准备

（1）熟悉《中华人民共和国土地管理法》中关于耕地保护与合理利用的相关内容。

（2）熟悉国家关于“光伏大棚”项目建设的政策规定及耕地集约高效利用的有关规定，结合思考题①～④考虑，你若是一名基层领导，应该如何从当地实际出发，围绕项目引进、保护耕地、乡村振兴等系列问题，做怎么样的统筹规划。

（3）明确案例具体教学目的，制定详细教学计划，设计课堂活动实施方案。

（4）准备其他与教学相关的材料以及硬件设施。

Ⅱ 教学目的与用途

（1）教学目的

使学生或学员了解土地管理相关法律法规以及国家对于光伏大棚项目用地的相关政策规定，围绕该事件发生的始末，深入思考地方政府在土地利用管理过程中的行为表现以及造成的不良影响和危害。

具体目标：

① 总结“占用耕地，盲目引进光伏大棚项目”的教训，结合土地利用总体规划，为盐碱化耕地改良利用和管理提供相关办法。

② 探讨采取何种政策手段才能防止地方政府决策失灵以及危机管理。

③ 了解与案例有关的土地管理相关法律法规以及防范政府失灵的相关理论。

(2) 适用课程

公共管理、土地资源管理、社会管理。

(3) 适用对象

MPA 学员、土地管理学员、土地资源管理硕士研究生。

Ⅲ 启发思考题

① 案例中导致 400 多亩耕地撂荒/光伏大棚闲置的根本原因是什么?

② 可以利用哪些手段提高政府为人民服务的积极性?

③ b 村 2018—2020 年未发放土地流转费，对该村脱贫产生什么影响?

④ 案例中政府对光伏大棚项目引进的误判体现在哪些方面?

⑤ 如何在土地利用中切实保护耕地?

⑥ 基层政府作为公共利益的代表者和公共权力的行驶者，在耕地保护过程中应该如何发挥自己的职责?

Ⅳ 理论基础

(1) 协同治理理论

协同治理理论是自然科学中的协同论和社会科学中的治理理论综合而成的理论，作为一种新兴的交叉理论，对于解释社会系统协同发展有着较强的解释力。协同学是由德国著名物理学家赫尔曼·哈肯于 20 世纪 70 年代创立的，协同学是研究由完全不同性质的大量子系统所构成的各种系统。主要研究这些子系统是通过怎样的合作才在宏观尺度上产生空间、时间或功能结构的。尤其要集中研究以自组织形式出现的那类结构，从而寻找与子系统性质无关的支配着自组织过程的一般原理。根据哈肯创立的协同学理论，不论是在宏观系统还是在微观系统，只要具有开放性，那么就可以在一定条件下呈现出有序的结构。不同的学科从各自不同学科角度研究协同现象、社会现象的机制和规律，因而具有明显的方法论意义。20 世纪 90 年代以来，治理概念不仅在政治学领域，而且在社会经济领域得到了广泛应用。所谓治理，是"个人和公共或私人机构管理其公共事务的诸多方式的总和，它是使相互冲突的或不同的利益得以调和并且采取联合行动的持续的过程，它既包括有权迫使人们服从的正式制度和规则，也包括人民和机构同意的或以为符合其利益的各种非正式的制度安排"。基于以上两个理论基础而产生的协同治理，是指多元主体间通过协调合作，形成相互依存、共同行动、共担风险的局面，产生合理、有序的治理结构，以促进公共利益的实现。协同治理包含合作治理之义，但又不仅限于简单合作，它是在治理理论的基础上强调治理的协同性。其内涵包括主体多元化、协同性、动态性和有序性。在社会各子系统功能分化的基础上，要达成协同治理的目标，需要多方面的努力，具体应从完善协同治理的法规制度、优化协同治理的权责体系、加强协同治理的资源保障和搭建协同治理的信息平台等几个方面加以努力。

本案例以协同治理理论作为研究框架，将光伏农业大棚建设项目的落户—搁置—补救—重启，视作一个基层协同治理的过程，从基层政府、光伏企业和村民三大主体出发，结合当前光伏农业发展现状与存在的问题探究其深层次原因，为提升地方政府执行、监管能力提供有益借鉴。

（2）协同治理理论中三大主体的分析

协同治理理论的核心是通过吸纳利益相关方建立起合作网络，为多部门共同解决复杂公共问题提供一种新的治理形式。它既强调参与主体的多元性，这些主体包括政府参与者、市场参与者和社会参与者，又强调这些主体之间建立的横向网络合作关系，使每个主体都有自己的利益和价值观，通过这个网络，做到权力的共享、规则的建立、信任的达成及共同解决公共问题或者提供服务。

一般来说，协同治理的核心理念是实现多元主体的合作共治，终极目标是增进公共价值，因此政府参与者是公共价值的促动者，其中包含了决策者、组织者和监督者的角色；市场参与者是公共价值的创造者；社会参与者是公共价值的实践者。a. 政府参与者，包括各级政府组织，其中基层政府是指组织的“基础层级”，基层的社会管理方式主要是“县政乡治”模式，因此县及县以下即为基层，它直接面对群众，是国家大政方针最直接的传递者和执行者，是国家和社会的基础，由于基层情况千差万别，上层不可能完全了解具体的情况，因此基层管理组织的意义在于将上级的方针政策与本地区、本部门的实际结合起来，搞好基层管理。在此过程中，权变性和灵活性是必不可少的。本案例中 a 镇政府即为基层政府。b. 市场参与者是指以营利为目的的企事业组织，其中企业是社会经济生活中以营利为目的的经济单位，是人类进行经济活动的基本组织形式。在市场经济条件下，作为市场的微观主体，企业以市场为其活动的平台，企业所提供的产品和服务都必须在市场中进行交易，而市场则通过市场机制对资源配置起决定性作用，引导着企业的行为。中国行政管理学会副会长某研究员认为政府与企业谁都离不开谁，但又经常有摩擦，政府与企业功能的发挥呈现出“拉锯式”的反复运动，当政府或企业出现某种困顿时，总需要借助于另一方的强势回归才能予以消解。本案例中光伏企业（c 公司和 d 公司）为市场参与者。c. 社会参与者包括非政府组织、公民组织或者个人等社会主体。在我国，公民是社会的主人，公民参与是社会协同治理的原动力。本案例中 b 村村民即为社会参与者。

因此，就光伏农业大棚项目建设来说，政府参与者——基层政府、市场参与者——光伏企业（c 和 d 公司）、社会参与者——村民，为了共同目标，需建立一个纳入利益相关者的治理网络，充分发挥各自的优势，形成互相合作、各司其职的多元治理伙伴关系（图 4－14），协同治理理论为其提供了理论工具。

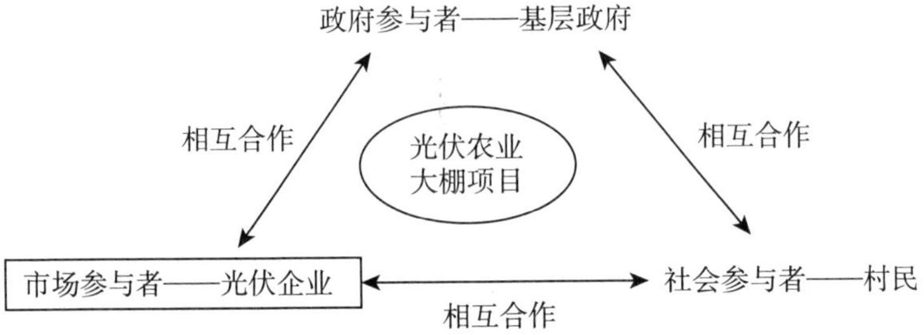

图 4-14　光伏农业大棚项目建设中三大主体之间的关系图

Ⅴ　案例分析

（1）对光伏农业大棚项目的分析

光伏农业大棚项目是依托国家光伏产业政策和结合当地优越的自然经济条件建设的，因此项目的建设具备了以下优势条件：

①政策优势

自 2013 年国务院发布《关于促进光伏产业健康发展的若干意见》（国发〔2013〕24 号）以来，光伏产业得到迅速发展，为支持光伏产业发展，明确用地管理政策，国家各部门制定了若干政策性文件（表 4-3），各地政府也相继出台了相关政策，对光伏产业项目用地做出规范和界定。为促进光伏产业健康发展，某区编制了《某区 2013—2020 年太阳能发电发展规划》，以此推动本区域光伏产业的健康发展。

②产业优势

光伏产业（简称 PV），我国 76%的国土光照充沛，光能资源分布较为均匀。与水电、风电、核电等相比，太阳能发电没有任何排放和噪声，应用技术成熟，安全可靠。太阳能是未来最清洁、安全和可靠的能源，发达国家正在把太阳能的开发利用作为能源革命的主要内容长期规划，光伏产业正日益成为国际上继 IT、微电子产业之后又一爆炸式发展的行业，被誉为“朝阳产业”。过去 10 余年，我国的光伏产业规模快速扩张，商用技术屡破世界纪录，一举成为具有全产业链领先优势的科技产业。据麦肯锡咨询公司的一项研究显示，光伏产业是我国领先世界且具有极大竞争优势的产业之一。我国光伏企业之所以能在短时间内实现如此快速的发展，得益于以下优势：首先，国家政策补贴是其中一大优势，是行业发展的一大助力，国内大多数光伏企业将光伏补贴用于光伏科技和研发上面，推动我国光伏产业走在了世界前列，最突出的表现就是光伏装机量居世界第一；其次，成本优势，受益于完善的配套环境、相对低廉的要素成本，以及产业规模效应，国内光伏产业生产成本较低；此外，我国光伏产业在制造能力、市场规模方面也占有一定优势。

③区位优势

某区位于我国北部边疆，太阳能年总辐射量在 1 342～1 948 千瓦时/平方米之间，年日照时数在 2 600～3 400 小时之间，太阳能资源丰富，是全国高值地区之一。本案例中 a 镇 b 村位于某区西部某市，太阳能资源丰富、日照时数长、太阳总辐射位于前列，此外，b 村临近城郊，交通便捷，信息灵通，农业开发用地相对集中，施工条件和农业基础条件好，农民经营意识强，干部群众招商引资、发展“光伏＋”农业的积极性高，所以发展光伏产业具备了得天独厚的区位优势。

（2）对光伏农业大棚项目三大主体分析

①对政府参与者——基层政府（a 镇政府）的分析

全面建设社会主义现代化国家，最艰巨最繁重的任务仍然在农村。坚持农业农村优先发展，坚持城乡融合发展，畅通城乡要素流动。加快建设农业强国，扎实推动乡村产业、人才、文化、生态、组织振兴。某区从区域实际出发，结合实际出台相应政策（表 4－4）的同时稳步发展了地区农业。

表 4－4　某区关于“三农”及乡村振兴、光伏农业等方面文件汇总

文件类型	发文单位	发文名称
光伏方面	某区人民政府	《某区人民政府关于支持光伏产业发展有关事宜的通知》
	某区市场监督管理局	《光伏农业温室及园区建设技术规范》

（续）

文件类型	发文单位	发文名称
光伏方面	某区能源局	《某区能源局转发国家能源局关于2020年风电、光伏发电项目建设有关事项的通知》
	某区能源局	《某区可再生能源电力消纳保障实施方案》
乡村振兴方面	某区党委	《某区乡村振兴战略规划（2018—2022年）》
	某区党委	《确保农村牧区同步全面建成小康社会》
“三农”方面	某区党委、某区人民政府	《关于抓好“三农三牧”领域重点工作确保如期实现全面小康的实施意见》
	某区党委	《某区党委贯彻〈中国共产党农村工作条例〉实施办法》
	某区人民政府	《某区农村牧区承包土地（草牧场）的经营权抵押贷款试点工作实施方案》
	某区人民政府	《某区农民住房财产权抵押贷款试点工作实施方案》

某区西部某市a镇政府，a．作为组织者，响应国家和省里号召，借助区位优势发展农业的过程中，清醒地认识到b村一家一户分散经营农业中存在的土地经营规模小、劳动生产率低、生产成本高、农业市场竞争弱等问题制约了b村农业现代化及乡村振兴的发展。而光伏农业作为高新技术产业，对农业现代化的实现具有不可替代的作用。首先，光伏农业依托先进的经营模式，将一家一户分散经营的农户组织起来，利用农村集体集中连片的耕地，发展含高新技术的现代农业，并建立与现代农业相适应的新型农业经营体系，进而提高农业集约化、专业化、组织化、社会化水平，增强持续发展能力和市场竞争力；其次，光伏农业能够为乡村的产业发展提供清洁能源，光伏设备的维护、运营等后期需求能够为村民提供就业岗位，可壮大b村集体经济，进而促进农村社会环境向和谐融洽的方向发展，带动全村致富。a镇政府基于以上考虑，

结合政策优势积极进行招商引资的做法，充分体现了其组织者的角色。b. 作为决策者，对国家实施的“脱贫攻坚任务”、“乡村振兴战略”等针对“三农”问题的许多助农、惠农政策、计划和任务，理解不到位和急功近利思想的驱使下，对招商引资企业缺乏认真评估和筛选，特别是对光伏企业的法人代表、资质认定、管理体制、运营能力、风险控制等多方面未进行充分考察，盲目引进实力不足的企业，导致光伏农业大棚项目施工一年后出现停工搁置现象。a 镇政府作为决策者，对企业即对 c 公司的选择出现了失误。c. 作为监管者，引进项目后缺乏全程监督管理，没有及时发现公司运营中出现的问题，导致光伏农业大棚这样一个惠民项目中途搁置；项目搁置后对企业所占用土地未及时进行合理利用和管理，出现优质耕地荒废盐碱化问题；对于由此引发的村民生活水平下降等问题未及时解决而引起社会矛盾，这些问题充分暴露了 a 镇政府的监管不到位。

②对市场参与者——光伏企业（c 公司）的分析

光伏企业是指利用太阳能发电的企业。我国光伏企业已在全球范围内实现产能扩张，据 CPIA 统计，我国已有超过 20 家光伏企业通过合资、并购、投资等方式在海外布局产能，而且多晶硅、硅片、太阳能电池、光伏组件 4 大产业链环节，全球产量前 10 的企业中，我国分别占到 7 家、10 家、9 家和 7 家。近年来，从中央到地方通过翔实的政策引导，促进了光伏项目的推进。尤其自 2015 年国务院扶贫办把光伏扶贫确定为“十大精准扶贫工程”以来，光伏产业在全国很多乡村获得了较快的发展，例如“光伏＋”就业、“光伏＋”农业等发展项目，助力乡村振兴，促使“光伏扶贫”真正转为“光伏振兴”。但其中也有部分小型企业，只看中国家的补贴政策和光伏产业发展前景看好而缺乏对自身实力的充分估计，抱着侥幸心理，快速投资光伏产业而成为小型的光伏企业。本案例中的 c 公司便属于实力不足的一个小型光伏企业。c 公司是由少数个人合资成立的一个小公司，经过实地调研和多方了解，公司存在以下两个实际问题：a. 经济实力不足，资金来源不稳定。因此面对光伏农业，前期需要大量资金的项目，在运作过程中出现了资金周转困难；b. 企业负责人经营管理能力弱，报有投机心理。因此对项目的上马缺乏科学的规划和可行性分析。基于以上原因，最终造成资金链全盘断裂，项目中途搁置。

从企业的本质属性来看，企业是社会经济生活中以营利为目的的经济单位，由于具有“经济人”的理性特质，企业的经营活动以营利为目的，追求利润的最大化，其经营管理活动更加关注经济利益而不是社会公共利益，因而企业缺乏内在的约束机制来履行社会责任。因此需要通过政府及非政府组织对其是否依法经营、是否履行社会责任等进行监督。本案例中c公司的经营过程，亟须a镇政府和村民给予全程监管和监督。

③对社会参与者——村民的分析

a镇b村的村民经营意识强，当初得知村干部通过招商引资吸引c公司到当地发展光伏农业时，积极参与、大力支持，促使“光伏扶贫”真正转为“光伏振兴”。光伏农业大棚的建成对村民有诸多好处，首先，光伏农业大棚能够与蔬菜种植业相融合，通过“光伏＋”农业等方式，在改变农业种植结构的同时可提高农民收入，有效解决农户“收入低”的问题；其次，随着社会经济的快速发展，农民不只满足于自己“二亩三分地”上的单一收入，他们有了多样的诉求和愿景，“光伏＋”就业，为农民提供了更多的就业机会，满足了农民就业、收入等多种诉求。基于以上原因村民以自己的“保命田”——耕地，作为资本来发展光伏农业，对此充满了信心和希望。但从光伏农业大棚项目的运营过程来看，村民只是抱着美好愿望，按照a镇政府的要求和光伏企业给出的条件被动地去参与，对于项目如何管理运营、未来怎么发展、盈利点在哪里等一无所知和无从参与。

村民作为广大公民的一分子，既是社会管理的对象，也是社会建设的主体，社会管理创新和公共价值的创造离不开民众的有序参与。但事实上，公民特别是生活在广大农村的村民，整体素质不高，自身参与意识不强，往往在参政议政的过程中陷入困境，在公共政策的制定过程中，作为政策对象的公民很少参与，或是被动参与，导致公民对于政府决策的不理解或者不认同，在政策执行过程中出现诸多难题和困境。在本案例中b村村民，只是被动地流转土地，而对于光伏农业大棚项目的整体运营过程了解甚少，更谈不上参与。

(3) 对光伏农业大棚项目搁置原因分析

①企业资金链断裂——项目搁置的表象

资金是企业的血液，资金链一旦断裂，企业就会休克。此时企业如果不能够有效整合内、外部资源，让资产运转流动起来，则面临破产危机。一般企业经营资金的来源主要有三个渠道：一是股东投资、追加投资及股东临时性借款，这是企业在经营活动中最原始的资金来源；二是企业在经营活动中创造的价值，主要是在经营活动中取得的有效增值价值和在投资活动中取得的投资收益，这是企业在经营发展过程中最有效的资金来源；三是外部筹资，通过发行股票、债券、向银行借款及其他方式筹集的资金，这部分资金由于受到外部政策、经济环境以及内部经营状况的影响，存在较大的不确定因素。一个企业如果缺乏稳定的资金来源，企业的正常运营受阻，企业资金链便会出现断裂前的征兆，通常会表现出以下征兆：一是偿债能力弱而负债水平高。流动资产与固定资产的比例能反映企业资产流动水平，流动资产比例高说明企业资金活跃，比例低则说明企业有偿债危机。二是企业内部控制体系不健全，管理存在漏洞。具体表现为企业资金、管理方式落后，手段欠缺、下属企业多头开户，资金管理不严谨、投资随意性大，整个企业资金管理松散、预算管理困难，管理力度以及时效性差等。三是受大环境影响，导致资金链断裂。企业的生产及经营不仅在于其本身的管理水平，同时也会受到外部因素制约。由于市场经济环境的整体下行，使得企业不得不面临以下因素，比如经营成本增加、筹资渠道变窄以及应收账款规模增加等，这些问题都会或多或少地影响到企业的正常资金流运转。

本案例中基层政府a镇政府通过招商引资引入的c公司便存在着法人治理结构不科学、经营管理水平低、风险控制能力弱，对投资缺乏充分的预期与可行性评价，因此在项目运作一年后资金链断裂，导致项目搁置。

②基层政府缺乏对光伏企业的科学评估——项目搁置的根源

自身存在缺陷和法人治理结构不合理的企业或公司是客观存在的，但作为公共价值促使者的基层政府（a 镇政府）在做决策之前需要对企业进行多方考察、科学评估后谨慎引入。引入之后还负有对项目运作过程进行全程监督的责任，这样才能保障项目顺利进行，逐步实现预期目标。

本案例中 a 镇政府对引进的光伏企业未做严格筛选，没有对光伏企业的法人代表、资质认定、管理体制、运营能力、风险控制等方面进行考察和科学评估，盲目引进项目，最终导致光伏农业大棚项目搁置。值得反思的是，就 a 镇政府工作人员自身文化知识和整体素质等主观原因分析，对企业进行科学评估必然存在一定难度，在这种情况下，基层政府应该考虑，借助具有法律资质、懂专业的第三方机构（如中介机构）的力量来完成对引进公司的资质评估，从而保证引进企业的可信度和项目的顺利完成，以此来充分发挥作为组织者和决策者的真正作用，而不是简单的收管村民的土地流转合同。

(4) 耕地撂荒与变盐碱荒地原因分析

①三大主体法律意识淡薄导致耕地撂荒

耕地是一种宝贵的资源，特别是中国，人口多、耕地少，人均耕地占有量远远达不到世界平均水平，因此国家十分重视耕地资源的保护和利用，制定了“划定永久基本农田”、“土地用途管制制度”等保护耕地的各种制度。依照“民以食为天，农以地为本”的说法，耕地是农民的命根子，如果没有了耕地，农民的生活就没有了保障。本案例中，b 村村民以每公顷 12 000 元将土地流转给光伏企业，发展光伏农业大棚项目，为的是通过现代农业，提高收入水平、拓宽就业渠道、改变生活质量。但事与愿违，光伏农业大棚项目运行一年还没有完全建成便由于企业资金链断裂而被搁置。随之农民的“保命田”——大面积的耕地也被撂荒。

面对撂荒耕地，本案例中的三大主体，均缺乏保护耕地的法律意识。《中华人民共和国土地管理法》第三十八条规定："禁止任何单位和个人闲置、荒芜耕地。已经办理审批手续的非农业建设占用耕地，一年内不用而又可以耕种并收获的，应当由原耕种该幅耕地的集体或者个人恢复耕种，也可以由用地单位组织耕种；一年以上未动工建设的，应当按照省、自治区、直辖市的规定缴纳闲置费；连续二年未使用的，经原批准机关批准，由县级以上人民政府无偿收回用地单位的土地使用权；该幅土地原为农民集体所有的，应当交由原农村集体经济组织恢复耕种"。经过实地调研了解到：a镇政府相关人员说"没有考虑耕地闲置或撂荒的相关法律，也不太清楚"；村民则表示"即使想耕种也不知道怎么去用，不知道法律中有不让耕地闲置撂荒的规定，大家只关注光伏农业的搁置"；对于光伏企业虽然没有正面接触到相关负责人，但事实是被占用耕地始终处于撂荒状态。

②自然原因推进耕地盐碱化

某区西部某市a镇坐落在我国几大灌区之一的某区某灌区，属于干旱半干旱内陆型气候区，该地区的平均年降水量只有139～222毫米，年平均蒸发量达到1 999～2 346毫米，属于典型的干旱少雨区，农业发展必须依靠农田灌溉，灌溉水主要依靠流经当地的河流引水，在缺乏灌溉的情况下受气候条件影响极易引起土地的盐碱化。本案例中光伏农业大棚所占土地从2015年开始闲置已有5年之余，土地长期未进行耕种灌溉的状态下，矿化度较高的土壤浅层地下水，在强烈的太阳辐射下，水分通过土壤毛细管不断地移向地表面，盐随水来，水去盐留，便形成耕地盐碱化。

因此，本案例中被占耕地的盐碱化，是自然条件上人为不合理的土地利用行为所致。

(5)"领导小组"的成立与光伏农业大棚再现"生机"

光伏农业大棚项目搁置、媒体曝光及失地村民上访等一系列事件引起上级政府（区政府）的深度关注。在区政府的积极引导和参与下，成立了区政府领导牵头，由a镇政府、光伏企业及村民代表参与的"领导小组"，在共同商讨应对策略的过程中，a镇政府多次与区政府、村民代表、光伏企业法人召开专门会议，协商、研究和积极寻找破解项目搁置及拖欠村民土地流转费的办法。经过 a 镇政府的多方筹集和区政府的积极参与，最终解决了拖欠村民 3 年的土地流转费和重新引进 d 公司为重启项目奠定了基础。因此由区政府牵头，a 镇政府及各方代表组成的“领导小组”的快速介入与引导和 a 镇政府的积极配合，为搁置项目的重启提供了有力保障。

“领导小组”是对广泛存在的各级各类领导小组、协调小组、工作小组、委员会、指挥部等议事性、协调性工作机构和机制的总称。它是指在党政系统内，出于重视和力图解决某个问题的需要，由权力层级较高的人物和部门牵头，组成领导小组，联合多个部门，集中政治资源，协调和领导跨部门、跨系统或跨区域的政治活动。它具有不可忽视的决策评估与咨询、组织领导与政策推动、协调监督与参谋议事、治理事务与沟通协调等功能。本案例中，应对光伏农业建设中出现的困境而成立的“领导小组”，通过发挥其组织领导与政策推动、协调监督与参谋议事、治理事务与沟通协调等功能，快速解决了基层政府具体工作中面临的实际问题。由此也可以看出，基层政府在执政过程中存在着基层政府权力配套不足、行政施力和社会监管处于被动、主动“破局”能力缺乏和治理效能较为低下等问题。

(6) 政策建议

党的二十大提出“推进多层次多领域依法治理，提升社会治理法治化水平”的新要求，基层政府的社会治理是国家治理体系与治理能力现代化的必然组成和基本元素。本案例中基层政府的作为与被动作为对事件的发展具有举足轻重的作用，因此，基于协同治理理论，以协同治理的终极目标——增进公共价值为主线，从政府参与者——基层政府，是公共价值的促动者的角度提出以下建议：

①基层政府要用发展来解决发展带来的问题

着眼长远、标本兼治，为所在乡镇低端特色产业的转型升级发挥主导作用。为此，结合区域特色，在品牌创建、创意设计、研发科技、产品宣传等方面寻找新路径，形成集群化、品牌化、智能化的特色小镇和生产园区。在这其中，基层政府要当仁不让地成为当地产业战略的设计师和引路人。

②基层政府要突出“人才兴政”的效能变革理念

将纳才用才的人才战略模式与自身效能优化协同推进。要做好人力资源存量与增量的双重优化，既要善于选拔吸引优秀人才到基层一线，又要运用新公务员法“职务与职级并行”的激励手段，让优秀人才扎根基层。用这样的人才优化路径，构建系统完备、科学规范、运行高效的基层政府职能体系，以改变目前基层政府整体素质偏低的局面。

③基层政府要摒弃“万能政府”的思路惯性

探索多元共治的新型治理模式。基层政府要实现从管理者转向服务者的角色转变，既要发挥主导作用不缺位，也要推动形成“小政府大社会”格局不越位；管理方式上要善于运用大数据、“互联网＋”技术，形成精细化的智能网格管理。同时，要将依法治理和以德治理有机结合，既要畅通公民的表达渠道，引导群众寻求更加法治化、规范化的诉求表达方式，构建良法善治的规则文化，又要注重培育法治和道德相融合的核心价值体系。

④基层政府要重塑与村民的协同关系

在协同治理条件下，村民的参与不只是被动地听取或执行，而是一个有用的和合法的伙伴。因此村民应该培养一种“新村民精神”，其要义是强化村民角色要求，推动村民参与意识，开拓村民参与途径。据此要改变以前的“被管理者”身份为既是“被管理者”又是“治理主体”的双重身份，通过政务公开、村务公开、网上政府、村民自治等措施及通过“对话程序”与专家、领导进行辩论，以拓展村民参与的深度与广度。

4.6 案例6：不动产统一登记解决城镇国有土地上房屋权属登记遗留问题

4.6.1 案例正文

不动产统一登记解决城镇国有土地上房屋权属登记遗留问题

——以a市c小区登记案为例

摘要： a市c小区11号楼，建筑面积4 769.98平方米，其中4、5单元共25户的房屋权属登记由于小区建设年限较长，开发建设单位已经注销，无法进行正常不动产统一登记而成为国有土地上房屋权属登记历史遗留问题。针对此类问题a市政府采取积极有效措施，由市自然资源局牵头，将办理不动产权属证书的工作委托给街道办事处，再由街道办事处替代履行开发商的职责与住户签订商品房买卖合同，通过公证处公证，为无法进行房屋权属登记的住户办理不动产权属证书，最终完成城镇国有土地上房屋权属的不动产统一登记。整个案件客观反映了地方政府的积极作为，在解决城镇国有土地上房屋权属登记历史遗留问题过程中，有效化解“回迁难”、“入住难”、“办证难”等问题，从而切实保障群众合法权益，维护社会和谐，提高了政府部门的办事效率。在不动产统一登记逐步推进的当下，面对目前普遍存在的实体性和程序性的问题，案例期望引导学员综合运用土地资源管理的理论和方法，探寻有效解决不动产登记过程中历史遗留问题的新思路，为相关职能部门今后解决类似问题提供借鉴，从而保证社会经济稳定有序发展。

关键词： 不动产统一登记；城镇国有土地；房屋权属登记；遗留问题；a市

引言

不动产登记，是指不动产登记机构依法将不动产权利归属和其他法定事项记载于不动产登记簿的行为。本条例所称不动产，是指土地、海域以及房屋、林木等定着物。

国家实行不动产统一登记制度。不动产登记遵循严格管理、稳定连续、方便群众的原则。不动产权利人已经依法享有的不动产权利，不因登记机构和登记程序的改变而受到影响。

——《不动产登记暂行条例》

不动产登记应当依照当事人的申请进行，但法律、行政法规以及本实施细则另有规定的除外。房屋等建筑物、构筑物和森林、林木等定着物应当与其所依附的土地、海域一并登记，保持权利主体一致。

不动产单元，是指权属界线封闭且具有独立使用价值的空间。没有房屋等建筑物、构筑物以及森林、林木定着物的，以土地、海域权属界线封闭的空间为不动产单元。有房屋等建筑物、构筑物以及森林、林木定着物的，以该房屋等建筑物、构筑物以及森林、林木定着物与土地、海域权属界线封闭的空间为不动产单元。前款所称房屋，包括独立成幢、权属界线封闭的空间，以及区分套、层、间等可以独立使用、权属界线封闭的空间。

——《不动产登记暂行条例实施细则》

不动产统一登记制度是基于《中华人民共和国民法典》而制定的相关制度，目的是更好地对不动产交易活动进行管理，通过完善以居民身份证号码和组织机构代码为基础的统一社会信用代码制度来实现对于不动产权利人的合法财产权的有效保护。不动产统一登记制度的提出一方面是加强我国基础性制度建设的要求，另一方面也是我国依法治国的要求。通过建立完善的规章制度，才能够帮助执法部门在进行不动产交易管理活动中有执法行为的依据，实现严格按照相关法律法规进行管理活动，真正做到有法可依、有法必依。

但是随着在经济发展中不动产交易活动数量与复杂程度的不断上

升，我国在不动产交易领域已经出现了一定程度上的混乱。不动产统一登记制度实施以来，由于不动产统一登记从全面启动到规范运行尚处于磨合和过渡期，随着不动产登记资料移交、存量数据整合、信息数据共享等工作的不断深入，在全国范围内分散登记遗留的历史问题逐步显现，也出现了不动产登记办事效率低、部门衔接不顺畅等问题，群众对于不动产登记特别是涉及房屋不动产登记的信访和诉讼明显增多。不动产登记涉及千家万户，直接面向企业和群众，是自然资源部门对外服务的重要窗口，工作作风和服务水平事关群众切实利益。2013 年以来，按照国务院要求，自然资源部会同各有关部门积极推进不动产登记职责整合，全面完成了登记机构、登记簿册、登记数据和信息平台“四统一”的改革目标。但仍存在服务意识不强、便民利民不够、服务效率低、业务建设不到位、违反廉洁纪律等问题，群众“办证难”尚未得到根本解决，影响了党和政府的形象，甚至成为人民群众办事的“堵点”、“痛点”。

2014 年 11 月 24 日，国务院总理李克强签署国务院令，公布《不动产登记暂行条例》，2015 年 3 月初正式执行。不动产信息管理平台于 2018 年正式运行，此时不动产登记体系才基本形成。不动产统一登记制度作为不动产市场交易的基础，具有重要的意义。

Ⅰ　有历史遗留问题的房屋权属登记

2014 年，某区完成不动产登记职责整合工作，建立了登记机构、登记簿册、登记依据和信息平台“四统一”的不动产统一登记制度。不动产统一登记的实施结束了多年来分散登记效率低、管理混乱的状态，但是在职能整合后也暴露出了多种历史问题。

随着社会经济的快速发展，近年来，某区 a 市房地产业持续发展，为提高城镇居民居住水平、改善城市整体环境、推动经济社会持续稳定发展，产生了积极作用。但由于一些建设项目审批手续不完善，建设单位自行调整功能、变更规划、资金链断裂以及企业注销等原因，导致延期交房、被征收人无法按时回迁安置，购房人入住多年无法办理不动产权属证书，权利人合法权益得不到及时保障等现象，成为影响社会稳定的重要因素。为全面落实不动产登记制度，妥善解决城镇国有土地上房屋权属登记等历史遗留问题，切实保障权利人的合法权益，维护社会和谐稳定，a市人民政府以习近平新时代中国特色社会主义思想为指导，本着坚持群众利益优先，统筹兼顾，因情施策的原则，集中解决全市房地产遗留项目。

在a市房地产遗留项目中，回迁安置“办证难”的情况占据较大比例，对维护城市整体秩序及社会和谐稳定有一定的影响。其中，a市c小区11号楼4、5单元的25户回迁安置问题，在全市有历史遗留问题的房屋权属登记中具有典型特征。

回迁安置房是指按照城市危旧房改造的政策，拆迁人或开发商将危房改造区内的私房或承租的公房拆除，然后按照回迁安置的政策标准以及事先签订的拆迁协议，被拆迁人回迁，取得改造后新建的房屋。回迁安置的概念源于拆迁，这是特殊时期下，特殊的拆迁政策的产物。拆迁安置过程中，采取等价补偿的方式，回迁安置户与普通人购买商品房没有任何区别。由于当时房地产开发体制机制不健全、不完善，政府和有关部门存在“重建设、轻管理”的思想，对建设单位准入条件设置标准不够高，对房地产市场行政监督管理不到位，房地产市场极其不规范，政府宣传教育不到位，人们维护自身合法权益的观念淡薄，回迁安置户在安置过程中并不关心不动产登记相关问题，导致了“办证难”的出现。

c小区，位于某区a市b区某街，隶属于a市b区某街道办事处。该建设项目建设单位为某区某建筑工程公司，于1993年10月建设完成，所占用土地为国有建设用地，土地性质为划拨土地使用权，土地用途为城镇住宅用地。该小区共24栋楼，多数为商品房，有少量回迁安置房。小区所有楼房均为5层砖混结构。其中11号楼1、2、3单元为商品房，在项目建设完成后就办理了房屋所有权登记，4、5单元居民为1985年建设某场的异地安置居民，共计25户，由于缺乏不动产权益的意识，没有主动与建设单位沟通签订回迁安置协议，也没有要求建设单位配合办理不动产登记。在某户居民进行房屋买卖，卖方要求办理转移登记时，该建设单位已注销，无法提供资料，因此25户一直未能办理房屋产权证。

c小区所占用土地为通过划拨方式取得的城镇国有建设用地，用途为住宅用地。划拨土地办理不动产首次登记流程为申请、受理、审核、记载于不动产登记簿、制证发证（图4-15）。土地使用者即建设单位首先提出用地申请并提交申请人身份证明材料、国有土地使用证、建设用地规划许可证、建设工程规划许可证、建设工程施工许可证、权籍调查表、宗地图以及宗地界址点坐标、土地相关税费缴纳或者免税凭证等必要材料，不动产登记机构对申请资料进行初步审查，审查合格后出具不动产登记受理凭证，最后由登记机构进行审核并向申请人颁发不动产权证书。2018年某区人民政府办公厅要求各地利用1～2年的时间，基本解决辖区内城镇规划区国有土地上2015年12月前开工建设的住房项目和购房人数较多且用于居住的公寓等项目房屋权属登记发证遗留问题。由于c小区的建设单位某区某建筑公司已经注销，因此无法确定准确的土地使用者即建设单位，也无法提供相关规划、土地手续及实测图等不动产登记的要件，按照不动产登记程序不能办理不动产登记，从而成为a市城镇国有土地上房屋权属登记遗留项目。

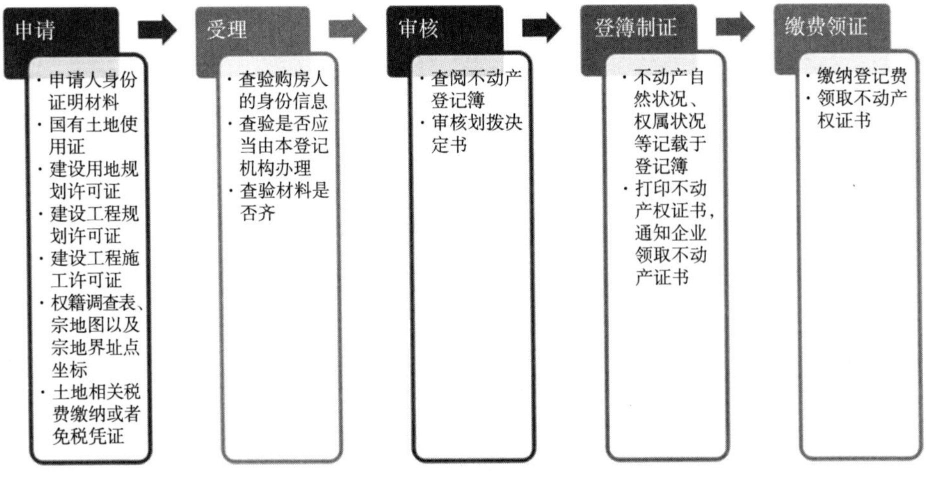

图4-15 划拨方式取得的城镇国有土地使用权办理不动产首次登记流程图

Ⅱ 房屋权属登记历史遗留问题所产生的影响

针对房屋做出的不动产登记，表明了房屋不动产自身所具有的固定性和不可移动性特点，这就决定了其归属权力的重要性。针对不动产做出合法登记，能够极大地保护产权人所拥有的权利，解决财产归属问题，并依照法律条款，对房屋产权人具有的权利提供保护。但c小区回迁安置的25户居民，由于无法办理不动产登记手续，不仅对其生活工作带来了不同程度的影响，也对社区工作的顺利开展产生了一定影响。

(1) 对居民的影响

实地采访记录：

① 住户一

记者：房本下来之前，对于你们生活有什么影响？

住户一：房子住了三十多年了，房产证却迟迟不见踪影，给生活带来诸多不便。首先不能对房屋进行买卖、继承、出租等，即使签订相关合同也均为无效合同，不受法律保护。其次就是房屋被拆迁时无法按国家政策及相关拆迁法规获得拆迁补偿。在土地使用权期限届满时无法申请继续使用该土地。有些住户想卖房也卖不了。另外，孩子上学，除需要户口簿外，还得有房本才可以，没有房本就不能证明是自己的东西。

记者：为什么一开始没有办证？

住户一：因为我们是拆迁安置，当时他们也没跟我们说要办房本。自己也没有办房本的意识，当时觉得有房住着就行，但是由于没有房产证对我们日常生活带来许多不便，所以才开始有这种意识，才开始找政府办房本。

记者：政府当时的处理意见？

住户一：一开始通过信访局没能解决，最后给市政府平台写了信，写了信以后，（该问题）进入了市遗留办，这是2018年的事，2018年11月份，才正式进入办证阶段。

记者：办证经历了多长时间，具体发证日期？

住户一：从2018年3月份开始找，到11月份到了某市遗留办，然后具体落实到街道办事处办理相关手续，差不多跑了一年半，直到今年（2019年）的9月份才办下来。

记者：对这种形式的办证程序是否满意？

住户一：这肯定是感谢政府，但还有一些没办成的，他们是属于父母去世，遗留财产问题的，让儿女去公证处公证，非让去公证遗留财产，才能办证，本来用不着公证，他们不想花那钱，本来我们都是穷老百姓，没有钱，还得花几千块钱去公证，有点不可思议，希望政府能尽快帮他们完成登记发证。

记者：对政府及相关部门工作的意见？

住户一：政府确实挺支持我们，感谢政府，不动产中心、信访局、税务局、房产局、办事处我们都以送锦旗的形式表达了感谢。

② 住户二

记者：办证的前期过程是怎样的？

住户二：我们从1985年搬过来，当时小区部分楼房还正在施工，应该是1983年就开始盖了，电也是临时的，没有水表，锅炉房也是自己烧的。当时跟现在有天地之差。当时就给我们安置了房子，1985年到现在已经35年了，其间也想过办证、也去找过政府部门，但到了政府门口保安不让进，也找过好几个地方，都很难解决，再加上那时候工作也忙，就一直没办。去年（2018年），我们才开始关心这些问题，然后我们就组织起来，特别是市政府的信访办帮了很大忙，帮我们办理了大房本，因为我们都是零散的拆迁户，没有单位没有组织，就给按属地管理，把我们的大房本落到了街道办事处，市遗留办下了几个文件，然后前期过程就是这样的。

记者：你们住进来的时候没想过办房本吗？

住户二：我们原来不当回事，办房本意识也不强。原来的档案有的有，有的没有，35年了，这东西你说保管得不可能那么好，有的丢了，有的没有，然后我们通过拆迁办，因为是拆迁办拆除的，所以我们先是告他，后来拆迁办说："我们配合你，你别告了。"然后我们把档案复印出来，把拆迁办的公章盖上，拿这个资料到街道办事处，街道办事处替代开发商把原来有名字的人家都给办了。但是有些子女继承的，他们就不给办。你说我们自己的房子被政府拆了，政府不给办房本，我们自己找，办上大房本了，也不是他们给解决的，因为房屋测量是我们自己联系找人测的，房屋安全鉴定也是我们自己找人做的。

记者：你们是通过街道办事处签订的合同吗？

住户二：不是，我们一开始还没有走遗留办，咱们市，还没有遗留办或是解决遗留问题的地方，2018 年 5 月份左右我们上访到市信访局，也去过房屋管理部门要求给办房本，但都没有结果。到年底，即 2018 年 11 或 12 月时，才有了解决遗留问题的地方，市里成立了一个市遗留办，派人领着我们去协调解决问题。

记者：从你们办证开始，到发证用了多长时间？

住户二：今年（2019 年）6 月底，给我们办下了大房本，基本上用了一年半的时间。但是基层不行，就区领导还行，底下的分支机构，比如说××区遗留办、街道办事处效率太低，要想办房本就得去公证处公证，按正常人理解，政府拆我房，就给我拿来房本才是合情合理的。我们跑下来拿到大房本了，然后办事处是个主体，还得让我们花钱公证。公证书街道办事处要一份，遗留办要一份儿，我们花钱做两份公证，他们都得收走。

（2）对街道办事处的影响

记者：请对街道办事处面临的问题给予详细的介绍。

办事处：小区是由××工程公司于 1983 年 10 月开发建设。由于小区××号楼 4、5 单元居民，一共 25 户，都是 1985 年建设某场异地安置居民，一直未能办理房屋产权。

由××不动产登记中心指定给我们街道办事处履行主体责任并解决相关问题，并将不动产权证书下发给我们街道办事处。25 户住户通过与××街道办事处签订商品房买卖合同（现售），实现土地使用权的转让，并缴纳相应的增值税，最终取得不动产权证书。但在发证过程中，我们街道办发现，到现在 25 户中有 19 户已完成登记发证，还有 5 户属于继承的，正在办理公证。

还有个情况就是小区北区的5号楼，也有6户没有办理登记发证，其中5户是当时邮政部门给他们分的房，但是他们手里只有协议、合同之类的资料，还有一户是外地户，单位给买的房，也只有协议、合同之类的资料，没有资质方面的资料，这些问题还得再讨论。

（3）对国土部门的影响

记者：请对国土资源部门面临的主要问题给予详细介绍。

××市国土资源局：加快推进某市城镇国有土地上房屋权属登记等历史遗留问题解决，妥善处理房地产遗留问题，有效化解“回迁难”、“入住难”、“办证难”等问题是切实保障群众合法权益，维护社会和谐稳定的重要手段之一。根据《中共中央、国务院关于进一步加强城市规划建设管理工作的若干意见》（中发〔2016〕6号）《××省人民政府办公厅关于妥善解决城镇国有土地上房屋权属登记等历史遗留问题的指导意见》精神，参照《××市委办公室、××市人民政府办公室关于落实2019年解决城镇国有土地上房屋权属登记等历史遗留问题的通知》要求，对属于开发建设单位不存在的项目，由不动产中心集中治理房地产遗留项目工作领导小组指定单位代为履行主体责任，负责收集相关材料，解决相关问题。

根据××政府要求，××市今年（2019年）重点解决的477个项目，属于住宅类项目，这些项目都属于之前的老项目，有的项目是开发商拿到了土地但是没有完善建设手续，有的项目连土地出让手续都没有……这些项目情况复杂，解决时间会长一些，但是都会在此次“百日行动”中解决。此项工作完成后，将接着解决商业、办公类项目无房本问题。据××市自然资源局历史遗留问题工作领导小组办公室内张贴的《市自然资源局遗留项目2019年完成计划》显示：“7月20日前，完成60个项目。9月20日前，在完成60个项目的基础上再完成40个项目，累计完成100个项目。10月9日前，在‘回迁难’、‘入住难’问题解决的基础上，争取完成41个重点遗留项目，力争完成150个项目。年底前，对于市遗留办已备案并转办到我局的249个遗留项目，包括后续转办的符合办理条件的项目，力争全部完成。”

关于c小区，在2018年3月之前，小区共有25户居民都没有领到房产证。为解决这个历史遗留问题，由××不动产登记中心指定给××街道办事处履行主体责任并解决相关问题，并将不动产权证书下发给××街道办事处。从2018年11月开始，××街道办事处开始为这些居民补办房产证，截止到今年（2019年）9月份，已经有19户居民领到了房产证，剩余的还在办理之中。其实，民众办理正常的不动产登记，只要提交的材料齐全，很快就可以办结。难就难在办理有历史遗留问题的登记，这耗费了我们大量时间和精力。

Ⅲ　不动产登记解决房屋权属登记历史遗留问题

2018年某区人民政府办公厅要求各地利用1～2年的时间基本解决，辖区内城镇规划区国有土地上2015年12月前开工建设的住房项目和购房人数较多且用于居住的公寓等项目房屋权属登记发证遗留问题。a市人民政府、a市自然资源局和a市不动产登记中心按照省区政府要求，通过历史档案查询、实地走访调查等多种途径，最终梳理并摸清了a市房屋权属登记历史遗留项目总体情况。造成房屋权属登记历史遗留问题的原因主要有：开发建设单位违法建设，在实施旧城区改造和棚户区（城中村）改造过程中手续不规范，政府政策调整过程中造成部分房屋遗留问题，部分房地产开发企业由于资金短缺造成项目停滞建设，房地产开发体制机制不健全、不完善及行政监督管理不到位等。遗留项目问题主要集中在，房屋权属登记发证困难，无法按期回迁安置，建设进展缓慢等问题。住宅项目包括政策性住房、商住一体、住宅兼容商业、用于居住的公寓、购房业主较多的商业项目等。

其中位于a市b区c小区的建设单位某区某建筑公司现已经注销，由于无法找到准确的土地使用者，申请人也无法提供相关规划、土地手续及实测图等不动产登记的要件，不能办理不动产登记，因此被列为a市城镇国有土地上房屋权属登记遗留项目的典型案件。

为妥善解决a市房地产遗留问题，有效化解“回迁难”、“入住难”、“办证难”，切实保障人民合法权益，维护社会和谐稳定，2019年4月a

市人民政府出台《关于2019年解决城镇国有土地上房屋权属登记等历史遗留问题的通知》（a党办通〔2019〕53号）。文件中明确划分了责任体系。市自然资源局牵头负责“办证难”问题，辖区政府核实项目基本情况，出具审查意见。在具体实施过程中根据实际情况分别采取不同措施，合理且妥善解决各种遗留问题。

① 对于开发建设单位不存在的，由辖区政府或者指定的单位代为履行主体责任，解决相关问题。

② 对于项目符合城市总体规划的，市自然资源局按现状出具审查意见，作为权属登记凭证。

③ 对无法提供土地手续的，市自然资源局依法出具审查意见，作为土地权属来源材料办理登记，不再履行土地供应程序。

④ 对于无法提供竣工验收手续的，由实施质量监管的住房和城乡建设主管部门直接出具审查意见。

⑤ 对申请资料不齐全的项目，按照“以函代证”的原则，依据各有关部门的审查意见及申请人提供的不动产测绘报告办理不动产首次登记，开发建设单位不存在的，由代为申请单位确认，在完成首次登记后，不动产登记机构依据开发建设单位确认的与购房者签订的购房合同直接办理不动产分户登记。

2019年6月，市政府牵头，按照53号文件指示，b区人民政府核实了c小区项目的基本情况，认定了小区开工时间在2015年12月31日前，征地拆迁补偿已到位，由于开发建设单位已经不存在，所以无法提供土地手续、无法提供竣工验收手续等相关要件。基于此b区人民政府出具审查意见，报送市集中治理房地产遗留项目工作领导小组办公室备案，并提交市自然资源局、住房和城乡建设局等相关单位。c小区11号楼的开发建设单位已注销，由b区政府指定a市b区某街道办事处代为履行主体责任，配合办理11号楼的首次登记。25户居民与街道办事处重新签订《商品房买卖合同（现房）》。针对无法提供规划手续的问题，市自然资源局、城管执法部门对11号楼的建筑性质、建筑面积、容积率等情况进行了认定，认为11号楼符合城市总体规划，由市自然资源局出具了规划审核意见，作为权属登记凭证。针对无法提供土地手续的，由市自然资源局出具审查意见，认定11号楼所占用土地维持划拨土地使用权的性质，在房地产转移登记时，权利人可仍然维持划拨方式，申请人愿意补缴出让价款的，可按有关规定补缴出让价款，缴纳完成后按照出让方式办理不动产登记，以此作为土地权属资料，不再履行土地供应程序。针对无法提供竣工验收手续的，经a市既有房屋安全鉴定监测公司对该工程进行房屋安全性鉴定，认为11号楼地基基础及以上部分结构安全性等级为Bu级，结构单元安全等级为Bsu级，尚不显著影响整体承载，并出具了审查意见。另外，市自然资源局出具了《房屋面积测绘成果报告书》，c小区11号楼建筑面积为4 759.98平方米，其中本案例涉及的4、5单元建筑面积为1 640.9平方米。

a市b区某街道办事处，作为代替履行责任的主体，在不动产登记中心申请办理了《不动产权证书》，并与25户回迁安置户签订了《商品房买卖合同（现房）》（图4-16），为申请办理不动产转移登记的住户提供资料。现在部分住户已拿到了《不动产权证书》。

a市政府及a市自然资源局对房屋权属登记历史遗留问题的有效解决主要体现了：

（1）坚强有力的组织领导是基础

遗留项目之所以发展到今天，与地方政府重视不够，部门各自为政，无法形成合力不无关系。针对以上存在的问题，a市人民政府酌情采取有效措施，集中解决了历史遗留问题。具体措施及职责：

a市人民政府办公室印发了《关于2019年解决城镇国有土地上房屋权属登记等历史遗留问题的通知》，与这份通知同时下发的《a市房地产项目遗留问题办理细则》，明确了解决“办证难”问题的程序。主要解决程序：a. 辖区政府核实项目基本情况，认定开发竣工时间、征拆补偿资金、企业资产情况等重点内容，出具审查意见报送市集中治理房地产遗留项目工作领导小组办公室备案。b. 市政府房地产遗留项目工作领导小组办公室编制《房地产项目遗留问题转办清单》，转办市自然资源局、住房和城乡建设局等相关单位办理，同时函告辖区政府督促

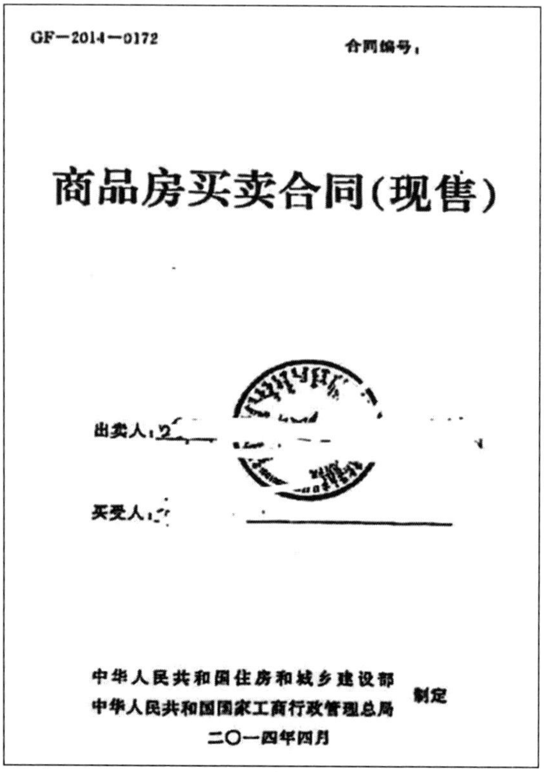

GF—2014—0172

合同编号：

商品房买卖合同(现售)

出卖人：

买受人：

中华人民共和国住房和城乡建设部
中华人民共和国国家工商行政管理总局 制定

二〇一四年四月

图 4－16　商品房买卖合同

开发建设单位提供申请资料。c. 辖区政府初审申请资料后，提交市自然资源局、住房和城乡建设局等相关单位。d. 市自然资源局、住房和城乡建设局等相关单位，在接到申请资料后 1 个月内，出具相关手续或审查意见。申请资料不齐全、不符合要求的，5 个工作日内告知辖区政府。开发建设单位承担解决房地产项目遗留问题的主体责任，辖区政府负责项目的情况核实、项目认定、督促办理等相关工作，开发建设单位不存在的，由辖区政府或指定的单位代为履行主体责任，解决相关问题。

a 市政府集中治理房地产遗留项目工作领导小组办公室负责房地产项目遗留问题的备案、统筹调度等工作。市自然资源局牵头负责“办证难”问题，市住房和城镇建设局牵头负责“回迁难”、“入住难”问题，市城管执法、土地收储等部门按照职责分工配合做好相关工作。a 市房地产遗留问题项目违法违规行为专项治理小组，负责制定专项工作方案，明确调查、处理、问责等相关工作流程，对房地产遗留问题项目进行全面排查，逐项核实，依法从严惩处违法违规行为。

a市房地产遗留问题项目违法违规行为专项治理小组，由市委政法委牵头，a市公安局、检察院、法院等部门配合，全面调查处理房地产行业存在的违法违规行为，将企业法人、法定代表人列入“失信名单”，依法从严惩处。a市自然资源局、住房和城乡建设局、城管执法大队等行政主管部门加大行业监管力度，建立联合查处机制，完善信用惩戒体系，对造成项目烂尾的企业，坚决禁止其在a市范围内开发新项目。

（2）行之有效的政策支撑是关键

《中共a市委办公室、a市人民政府办公室关于2019年解决城镇国有土地上房屋权属登记等历史遗留问题的通知》（a党办通〔2019〕53号）文件，正确有效地解决了本案例的遗留问题。

（3）精准定位的问题导向是方向

解决遗留项目“办证难”工作开展以来，很长一段时间内底数不清、进展缓慢。基于这种情况，针对遗留项目，统一建立台账，详细载明基本情况、存在问题及办理进度，从而做到底数清、项目明确；采取挂图作战，一案一策、一事一议，分别推进，随时掌握项目推进情况。

不动产统一登记的过程中，对于历史遗留问题，还需要进行大量的扫尾工作，既要保证不动产统一登记正常进行，又要考虑到广大人民的利益，稳定社会和谐发展，这就要求自然资源管理部门对于整个不动产登记有一个宏观的把控。解决历史遗留问题，要有理有据，合法合规。

Ⅳ 结束语

经济发展离不开制度，包括收入分配、资源配置等，国内的经济发展转变和现代市场经济发展的不断推进，不动产统一登记制度作为不动产市场交易的基础，起到了重要的作用。第一，不动产统一登记制度实施后，统一了登记机关、技术标准、登记簿册，明晰了权属界限，减少了矛盾纠纷，更好地维护了当事者的不动产物权；第二，不动产统一登记制度，整合了不动产登记机构，理顺了各部门职责，避免了同一产权重复的情况，极大压缩了办证的流程，为大众提供了方便，也提升了工作效率；第三，构建信息平台，实现不动产的审批、登记、交易的依法处理，消除不对称信息，保障不动产权利的准确性，保护财产权利人的合法权益，保障不动产市场中的交易安全，维护社会主义制度下不动产配置的公平和效率；第四，提供依法公开查询系统，为不动产交易提供有效信息，保护群众财产权益的同时，也提高了不动产信息的透明度，可防止房产投资过热，维护房地产交易市场健康发展；第五，针对不动产进行登记可以极大地增加二手房房屋资源，提高房屋入住率，降低空置率，将有效提高房屋的利用价值，并能够较好地促进房地产市场的良好稳定发展，为政府实施的宏观经济调控提供充分的保障。

近年来，a市在快速推进城镇化过程中，房地产业得到迅猛发展，它对提高群众居住水平，改善城市整体环境起到了重要的作用，但同时，也出现了部分房地产项目开发不规范、手续不完善、政策难落实、现状与审批不匹配的问题，从而造成一些项目无法办理手续，业主未取得产权证书，群众的合法权益没有得到充分保障，形成了“办证难”的遗留问题。随着国家“不动产登记暂行条例”的公布实施，2014年，省区政府完成了不动产登记职责整合工作，建立了登记机构、登记簿册、登记依据和信息平台“四统一”的不动产统一登记制度。在具体登记工作中“本着尊重历史、面对现实、信守政府承诺、维护群众合法权益”的原则，将登记发证与处理历史遗留问题分开处理，结合实际探索和实践出了一套符合自身发展的方法，并有效解决了诸多历史遗留问题。

Ⅴ 思考题

① 案例中造成回迁安置户“办证难”的原因有哪些？

② 政府部门如何对房地产开发市场进行监管？

③ 政府在不动产统一登记历史遗留问题解决中如何发挥作用？

④ 原建设单位已经注销的历史遗留问题，可采取哪些措施解决？

⑤ 不动产统一登记制度实施前后的区别？

4.6.2　案例使用说明

不动产统一登记解决城镇国有土地上房屋权属登记遗留问题

——以a市c小区登记案为例

Ⅰ　课前准备

（1）熟悉《中华人民共和国民法典》中不动产权属方面的相关条文。熟悉《不动产登记暂行条例》、《不动产登记暂行条例实施细则》、《中华人民共和国城市房地产管理法》、《中华人民共和国土地管理法》中关于土地登记及不动产登记方面的知识。

（2）课前思考题：结合案例思考在当前不动产统一登记制度全面落地实施和不动产登记工作不断深入的过程中如何妥善解决历史遗留问题，切实保护群众合法权益。

（3）明确案例具体教学目的，制定详细的教学计划，设计课堂活动实施方案。

（4）准备其他与教学相关的材料以及硬件设施。

Ⅱ　教学目的与用途

（1）教学目的

使学员了解《不动产登记暂行条例》、《不动产登记暂行条例实施细则》及国家对建立和实施不动产统一登记制度的总体要求。围绕当前不动产统一登记过程中普遍存在的实体性和程序性的问题，深入思考基于不同地域特点和面临的不同问题，各地方政府如何从实际出发，探寻有效解决不动产登记过程中历史遗留问题的新思路，从而保证社会经济稳定有序发展。

具体目标：

① 充分认识不动产登记过程中历史遗留问题对社会和谐稳定的

影响。

② 在充分理解不动产统一登记基本内涵的基础上，案例期望引导学员对不动产统一登记的意义、不动产登记的目的及不动产登记与房地产领域的问题是否存在必然联系等问题进行深入思考和分析。

③ 了解与案例有关的房地产管理、不动产登记的相关法律法规。

④ 使学员了解我国不动产登记历史遗留问题中集中存在的政策规范性问题、业务操作性问题、技术保障性问题和基础工作性问题，鼓励学员以思想大解放、行动大担当为引领，本着“尊重历史、实事求是，依法依规、维护权益，分类解决、确保实效”的原则，提出处理四类问题的基本思路。

(2) 适用课程

公共管理、土地资源管理、地籍管理、社会管理。

(3) 适用对象

MPA 学员、各主体班次学员、土地资源管理学。

Ⅲ　启发思考题

① 案例中造成回迁安置户“办证难”的原因有哪些？

② 政府部门如何对房地产开发市场进行监管？

③ 政府在不动产统一登记历史遗留问题解决中如何发挥作用？

④ 原建设单位已经注销的历史遗留问题，可采取哪些措施解决？

⑤ 不动产统一登记制度实施前后的区别？

Ⅳ　分析思路

第一，从公共管理和土地资源管理角度出发，引导学员了解与本案例相关的土地管理法律法规、不动产统一登记的法律法规。再与学员深入探讨，国家和地方政府进行不动产统一登记的目的和重要性。使学员对不动产统一登记内涵及进行不动产统一登记的意义有更深层次的认识。

第二，深度了解该案例的始末。首先分析本案例的基本情况，案例对象由于开发建设单位已经注销，无法进行正常不动产统一登记而成为国有土地上房屋权属登记历史遗留问题。其次分析解决问题的方法，政府采取积极有效措施，由市自然资源局牵头，将办理不动产权属证书的工作委托给街道办事处，再由街道办事处替代履行开发商的职责与住户签订商品房买卖合同，通过公证处公证，为无法进行房屋权属登记的住户办理不动产权属证书，最终完成城镇国有土地上房屋权属的不动产统一登记。

第三，引导学员进行思考，首先，本案例中解决问题的方法，是否对解决此类问题具有借鉴作用；其次，如果你遇到类似问题是否有其他更好的思路。

第四，总结案例，对于此类案例产生的后果，从政府、不动产登记机构、社会管理等方面进行综合分析。

Ⅴ　案例知识点

（1）核心概念的界定

① 不动产及不动产登记

1）不动产的含义。我国 1987 年施行的《中华人民共和国民法通则》和 2021 年施行的《中华人民共和国民法典》中都提到了不动产这一名词，但没有对不动产的概念进行明确界定。直到 2015 年的《不动产登记暂行条例》才通过列举明确外延的方式来确定了不动产的概念规定，即本条例所称不动产，是指土地、海域以及房屋、林木等定着物。

2）不动产登记的含义。《不动产登记暂行条例》第二条规定本条例所称不动产登记，是指不动产登记机构依法将不动产权利归属和其他法定事项记载于不动产登记簿的行为。

② 不动产统一登记

不动产统一登记是由国家主导推动的一项重要的不动产制度改革，它主张将原来分散在各个部门的不动产登记融合到一个部门，由统一的部门负责登记工作，并制定统一的规范将土地、海域、房屋、林木统一作为不动产进行登记，从“物”的角度不再区分为四类，不再有“土地登记”、“海权登记”、“房屋登记”、“林木林权登记”，只有“不动产登记”，不动产统一登记制度的建立是现代经济发展的必然趋势，相对于分散登记制度来说，统一登记制度的建设势必是将不动产登记事项由统一的部门负责，统一登记簿册则主要记载登记的相关信息，比如不动产物权的设立、变更、注销等情形，登记完成之后，不动产权利人可以领取统一的不动产权证书。因此，实施不动产统一登记后，不动产产权主体的权利更加清晰，有利于更好地保护不动产权利人的合法权益，也有利于提高不动产权属的管理和交易水平。

③ 不动产登记历史遗留问题

不动产登记历史遗留问题，在《国土资源部办公厅关于全面排查不动产登记“中梗阻”问题的通知》中描述为房屋已经颁发房屋所有权证，但由于开发商未取得土地使用权、擅自增加容积率或者变更土地性质、超出批准范围，导致房屋难以办理不动产登记的问题。a 市造成历史遗留问题的原因主要有：开发建设单位违法建设，在实施旧城区改造，棚户区（城中村）改造时手续不规范，政府政策调整造成的遗留问题，部分房地产开发企业资金短缺原因造成项目停滞建设，房地产开发体制机制不健全、不完善，行政监督管理不到位，等等。遗留项目存在的范围是：存在房屋权属登记发证困难、无法按期回迁安置、建设进展缓慢等问题的住宅项目（包括政策性住房、商住一体、住宅兼容商业、用于居住的公寓、购房业主较多的商业项目等）。本书所称不动产登记历史遗留问题，是指不动产统一登记制度全面落地实施以来，因各种历史问题导致群众无法办理不动产登记的，统称为不动产登记历史遗留问题。具体包括以下四个方面：a. 缺少不动产登记前期手续；b. 历史上老旧楼房没有审批资料；c. 房地产开发时存在违法违规建设行为；d. 不动产产权存在争议纠纷。

④ 不动产登记历史遗留问题的治理

不动产登记历史遗留问题的治理是指政府、社会和个人通过认识和实践活动采取一系列治理方法引导和规范，以解决群众切身利益为出发点和落脚点，有效化解社会矛盾，结合新型城镇化建设，推荐城市建设和管理创新，改善营商环境，积极稳妥解决全区城镇国有土地上房屋权属登记等历史遗留问题。

不动产登记历史遗留问题时间跨度较长、关系错综复杂、情况千差万别、涉及利益纠葛，处理难度大。从某种意义上来说，处理不动产登记历史遗留问题就是一个利益再分配过程，需要格外谨慎。不能快刀斩乱麻式的处理，搞一刀切；也不能一味搁置争议，回避矛盾。要想真正解决历史遗留问题，既不能急，也不能拖。应本着“政府主导、分类施策，尊重历史、正视现实，依法依规、保障民生”的原则，采取分步策略，先易后难、循序渐进解决不动产登记历史遗留问题。

⑤ 房屋权属登记及其主要类型

房屋权属登记，是指建设管理部门（以下称登记机关）代表政府对房屋所有权以及由上述权利产生的抵押权、典权等房屋他项权利进行登记，并依法确认房屋产权归属关系的行为。

房屋权属登记的主要类型有：

1）初始登记：新建房屋竣工后，权利人申请初始登记。

2）转移登记：房屋买卖、交换、赠与、继承、调拨、以房地产作价入股或者作为合作条件与他人成立法人或者其他组织、法人或者其他组织合并（分立）、以房地产清偿债务、以其他合法方式使房屋权属发生变更的，当事人申请转移登记。

3）变更登记：房屋所有权人（共有权人）名称改变、房屋坐落的地址变更、房屋面积增加或减少、房屋登记状况变更的，权利人申请变更登记。

4）他项权利（抵押权）登记：设定房屋抵押权，当事人申请房屋抵押登记。登记后抵押情况发生变更的，当事人申请抵押变更登记。

5）注销登记：房屋灭失、抵押权终止、房屋权利灭失的，权利人申请注销登记。

6）补证、换证登记：证书（证明）遗失的，申请补证登记；证书（证明）破损的，申请换证登记。

（2）相关法律法规

①《中华人民共和国民法典》

《中华人民共和国民法典》第二百零八条，不动产物权的设立、变更、转让和消灭，应当依照法律规定登记。动产物权的设立和转让，应当依照法律规定交付。

物权是一种绝对权，具有对世性和排他性。物权一经确立任何人不能侵害其权利或者妨碍其权利的行使。因而，为了解决物权的对世性和排他性问题，法律必须通过公示制度来使物权为人所知，只有被人知道，权利才能受到保护和尊重。对于不动产物权来说，公示方式就是不动产登记。所谓不动产登记公示，指的是借助于国家登记这种方式，将不动产权利载入不动产登记簿，从而使得相关利害关系人知悉这些权利的存在，并使得这些权利获得法律的承认和保护的制度。

《中华人民共和国民法典》第二百三十一条规定，因合法建造、拆除房屋等事实行为设立或者消灭物权的，自事实行为成就时发生效力。由《不动产登记暂行条例实施细则》可知，宅基地使用权证明和房屋建设符合规划的手续是房屋合法建造的证据材料，也是宅基地上房屋竣工后权利人依法享有权利的证明，否则，房屋属于违法建筑，违法行为不产生权利，故违法建造的房屋不能办理不动产登记。

②《不动产登记暂行条例》

《不动产登记暂行条例》第一条规定，为整合不动产登记职责，规范登记行为，方便群众申请登记，保护权利人合法权益，根据《中华人民共和国民法典》等法律，制定本条例。

第四条规定，国家实行不动产统一登记制度。

不动产登记遵循严格管理、稳定连续、方便群众的原则。

不动产权利人已经依法享有的不动产权利，不因登记机构和登记程序的改变而受到影响。

第六条规定，国务院国土资源主管部门负责指导、监督全国不动产登记工作。

县级以上地方人民政府应当确定一个部门为本行政区域的不动产登

记机构，负责不动产登记工作，并接受上级人民政府不动产登记主管部门的指导、监督。

第七条第一款和第二款规定，不动产登记由不动产所在地的县级人民政府不动产登记机构办理；直辖市、设区的市人民政府可以确定本级不动产登记机构统一办理所属各区的不动产登记。

跨县级行政区域的不动产登记，由所跨县级行政区域的不动产登记机构分别办理。不能分别办理的，由所跨县级行政区域的不动产登记机构协商办理；协商不成的，由共同的上一级人民政府不动产登记主管部门指定办理。

③《a 市房屋所有权登记暂行办法》

《a 市房屋所有权登记暂行办法》第十三条规定，总登记是指市人民政府根据需要，在一定期限内对本行政区域内的房屋进行统一的权属登记。

登记机关认为需要对本行政区域内的房屋权属证书进行验证或者换证时，需经市（县）人民政府批准。

凡列入总登记、验证或者换证范围内的各种房屋无论权利人以往是否领取房屋权属证书，权属状况有无变化，均应当在规定的期限内办理登记。

总登记、验证、换证的期限，由登记机关确定并经市人民政府批准。

④《关于 2019 年解决城镇国有土地上房屋权属登记等历史遗留问题的通知》（a 市人民政府办公室印发）

1）辖区政府核实项目基本情况，认定开竣工时间、征拆补偿资金、企业资产情况等重点内容，出具审查意见，报送市集中治理房地产遗留项目工作领导小组办公室备案。

2）a 市集中治理房地产遗留项目工作领导小组办公室编制《房地产项目遗留问题转办清单》，转办市自然资源局、住房和城乡建设局等相关单位办理，同时函告辖区政府督促开发建设单位提供申请资料。

3）辖区政府初审申请资料后，提交市自然资源局、住房和城乡建设局等相关单位。

4）市自然资源局、住房和城乡建设局等相关单位，在接到申请资料后1个月内，出具相关手续或审查意见。申请资料不齐全、不符合要求的，5个工作日内告知辖区政府。开发建设单位承担解决房地产项目遗留问题的主体责任，辖区政府负责项目的情况核实、项目认定、督促办理等相关工作，开发建设单位不存在的，由辖区政府或指定的单位代为履行主体责任，解决相关问题。

（3）案例分析

本案例由三部分组成。

第一部分：详细陈述了案例选择的背景及原因。

近年来，某区a市房地产业持续发展，为提高城镇居民居住水平、改善城市整体环境、推动经济社会发展起到了积极作用。但由于一些建设项目审批手续不完善，建设单位自行变更规划、资金链断裂以及企业注销等原因，导致延期交房、被征收人无法按时回迁安置，购房人入住多年无法办理不动产权属证书，权利人合法权益得不到及时保障等问题成为影响当今社会稳定的重要因素。为全面落实不动产登记制度，妥善解决全区城镇国有土地上房屋权属登记等历史遗留问题，切实保障权利人的合法权益，维护社会和谐稳定，a市人民政府以习近平新时代中国特色社会主义思想为指导，本着坚持群众利益优先，统筹兼顾，因情施策的原则，集中解决全市房地产遗留项目。

在a市房地产遗留项目中，回迁安置“办证难”的情况占有很大比例，这对维护城市整体秩序和社会和谐稳定产生了不良影响。案例对象a市c小区11号楼的4、5单元的25户回迁安置户，由于小区建设年限较长，开发建设单位已经注销，无法进行正常不动产统一登记而成为国有土地上房屋权属登记最为典型的历史遗留问题。

第二部分：客观描述了案例的详细情况，分析“办证难”的原因。

回迁安置的概念源于拆迁，这是特殊时期下，特殊的拆迁政策的产物。由于当时房地产开发体制机制不健全、不完善，政府和有关部门存在“重建设、轻管理”思想，对建设单位准入条件设置标准不够高，对房地产市场行政监督管理不到位，房地产市场极其不规范，政府宣传教育不到位，人们维护自身合法权益的观念淡薄，回迁安置户在安置过程中并不关心不动产登记相关问题，导致了“办证难”的出现。

c小区，位于某区a市某街，隶属于a市b区某街道办事处。该建设项目建设单位为某区某建筑工程公司，于1993年10月建设完成，所占用土地为国有建设用地，土地性质为划拨土地使用权，土地用途为城镇住宅用地。该小区共24栋楼，多数为商品房，也有部分回迁安置房。小区内所有楼房均为5层砖混结构。其中11号楼1、2、3单元为商品房，在项目建设完成后便办理了房屋所有权登记。4、5单元居民为1985年建设某场异地安置居民（共计25户），由于缺乏不动产权益的意识，没有主动与建设单位沟通签订回迁安置协议，也没有要求建设单位配合办理不动产登记。在某户居民进行房屋买卖，卖方要求办理转移登记时，发现该建设单位已注销，无法提供资料。因此25户一直未能办理房屋产权证。

第三部分：详细阐述了a市人民政府及各部门协调配合解决该小区回迁安置户“办证难”的问题。

2019年6月，由a市政府牵头，按照《关于2019年解决城镇国有土地上房屋权属登记等历史遗留问题的通知》（a党办通〔2019〕53号）指示，b区人民政府核实了c小区项目的基本情况，认定了小区开工时间在2015年12月31日前，征地拆迁补偿已到位，并出具了审查意见报送市集中治理房地产遗留项目工作领导小组办公室备案，并提交市自然资源局、住房和城乡建设局等相关单位。c小区11号楼的开发建设单位已注销，由b区政府指定a市b区某街道办事处代为履行主体责任，配合办理11号楼的首次登记。25户居民与街道办事处重新签订《商品房买卖合同（现房）》。针对无法提供规划手续的问题，市自然资源局、城管执法部门对11号楼的建筑性质、建筑面积、容积率等情况进行了认定，认为11号楼符合城市总体规划，由市自然资源局出具了规划审核意见，作为权属登记凭证。针对无法提供土地手续的问题，由市自然资源局出具了审查意见，认定11号楼所占用土地维持划拨土地使用权的性质，在房地产转移登记时，权利人可仍然维持划拨方式，申请人愿意补缴出让价款的，可按有关规定补缴出让价款，缴纳完成后按照出让方式办理不动产登记，以此作为土地权属资料，不再履行土地供应程序。针对无法提供竣工验收手续的，经a市既有房屋安全鉴定监测公司对该工程进行房屋安全性鉴定，认为11号楼地基基础及以上部分结构安全性等级为Bu级，结构单元安全等级为Bsu级，尚不显著影响整体承载，并出具了审查意见。另外，市自然资源局出具了《房屋面积测绘成果报告书》，c小区11号楼建筑面积为4 759.98平方米，其中本案例涉及的4、5单元建筑面积为1 640.9平方米。

a市b区某街道办事处，作为代替履行责任主体在不动产登记中心申请办理了《不动产权证书》，并与25户回迁安置户签订了《商品房买卖合同（现房）》，为申请办理不动产转移登记的住户提供资料。现在部分住户已拿到了《不动产权证书》。

Ⅵ　课堂安排

案例主要以讨论的形式开展，教师按照班级人数划分小组，分发案例材料。按照对学员的理解能力与思考能力强弱合理分配课时。示例如下：

第一阶段：熟悉《不动产登记暂行条例》的相关条款及相关理论知识（20分钟）

结合课前准备，教师有目的地引导学员熟悉和了解相关条款和相关理论。

第二阶段：案例阅读与回顾（共80分钟）

1. 教师提出思考问题的方向，学员开始阅读案例（15分钟）。

2. 教师主持引导全部同学讨论（30分钟）。

问题一：案例中造成回迁安置户“办证难”的原因有哪些？

问题二：政府部门如何对房地产开发市场进行监管？

3. 归纳总结（20分钟）。

（1）教师在介绍不动产统一登记、不动产登记历史遗留问题和不动产登记历史遗留问题的治理等基本概念的基础上，对全班同学的讨论结果进行总结。

（2）教师引导学生围绕不动产登记问题，探讨产生不动产登记历史遗留问题的内在根源并进行总结。

4. 课间休息（15分钟）。

第三阶段：分组讨论，学员记录讨论结果（30分钟）

将学生分为3组，每组5～6人：第一组讨论“问题三”；第二组讨论“问题四”；第三组讨论“问题五”。

问题三：政府在不动产统一登记历史遗留问题解决中如何发挥作用？

问题四：针对原建设单位已经注销的历史遗留问题，可采取哪些措施解决？

问题五：不动产统一登记制度实施前后的区别？

要求：每组要求做记录，每组推选1名汇报人员向全班汇报本组讨论结果。

第四阶段：汇报讨论结果，梳理主要观点，整理讨论结果（45分钟）

5. 各小组汇报讨论结果，对每个小组的汇报结果，鼓励学员勇于批判、大胆设想——你作为某市国土资源局局长——公共管理者，当该事件发生时会如何应对？你作为市政府领导——公共管理组织，如何处理该事件？

6. 对案例涉及的核心概念、争论的焦点与困惑予以正确疏导并做总结。

参　考　文　献

［1］章立民．案例编写与案例教学［M］．郑州：河南人民出版社，2007.

［2］李品媛．管理学教学案例［M］．大连：东北财经大学出版社，2007.

［3］陆红生．土地管理学总论［M］．北京：中国农业出版社，2015.

［4］饶映雪．地方政府土地违法行为的治理研究［D］．武汉：华中科技大学，2013.

［5］张建东，高建奕．西方政府失灵理论综述［J］．云南行政学院学报，2006（5）.

［6］刘黎，肖源，张可蒙．大批土地涉嫌未批先占，某省区某旗低买高卖赚差价［EB/OL］．中国广播网，http://china.cnr.cn/yaowen/201305/t20130520_512622232.shtml.

［7］央视《经济信息联播》记者．某省区违法占地调查：征地 30 年一亩只给 1 万 2 千元［EB/OL］．http://nb.house.sina.com.cn/news/2013－10－20/14123652855.shtml.

［8］某旗国土资源局．某旗国土资源局牵头对某煤炭物流交易中心违章建筑进行强制拆除［EB/OL］．http://hhhttzqgt.gov.cn/show.php? contentid＝365，2013－05－23.

［9］赵飞飞，徐倩．某省区某旗遭国土部“即时挂牌督办”［EB/OL］．http://www.21cbh.com/HTML/2013－6－6/5NNjUxXzcwMTc5NQ.html.

［10］吴次芳，吴丽．土地社会学［M］．杭州：浙江人民出版社，2013.

［11］赵勇，曹海青．完善土地征收制度中的政府职权［J］．人民论坛，2014（17）：54－56.

［12］李梅生，于振．严控征地规模，为土地管理减负［J］．中国土地，2013（10）：26－28.

［13］靳利飞，王燕东，王茜，等．健全征地管理机制问题探析——基于禧村的访谈研究［J］．中国人口·资源与环境，2017，27（S1）：114－116.

［14］高飞．集体土地征收程序的法理反思与制度重构［J］．云南社会科学，2018（1）：34－43，186.

［15］施建刚，徐奇升，魏铭材．农村集体建设用地流转中的政府失灵：表现、原因及其矫正——以上海市为例［J］．农村经济，2016（2）：29－33.

［16］刘佳，刘科，金师．鄂尔多斯房地产市场运行情况的调查［J］．经济论坛，2014（8）.

［17］百度文库．鄂尔多斯大崩盘［EB/OL］．http://wenku.baidu.com，2015－05－15.

［18］凤凰财经记者．鄂尔多斯去库存　小“房票”有大作为［N］．http://finance.ifeng.

com/. 2016 - 08 - 13.
[19] 百度百科．房票 [EB/OL]. http://baike. baidu. com/.
[20] 向为民，王霜．房地产“去库存”与对应取向 [J]. 改革，2016 (6).
[21] 工人日报记者．楼市泡沫破裂后的“鬼城”鄂尔多斯：房票制去库存 [N]. http://news. xinhuanet. com/. 2016 - 09 - 30.
[22] 搜狐公众平台记者．房票制：看看鄂尔多斯“去库存”新招成效如何 [N]. http://mt. sohu. com/. 2016 - 10 - 03.
[23] 经济参考报记者．内蒙古鄂尔多斯：“房票制”促“去库存” [N]. http://fdc. fang. com/. 2016 - 11 - 11.
[24] 刘志彪．房地产去库存：供给侧结构改革的重中之重 [J]. 江苏行政学院学报，2016 (4)：36 - 41.
[25] 洪曙光．一张房票，这样化解征拆之难 [N]. 中国国土资源报．http://www. gtzyb. com/. 2016 - 02 - 22.
[26] 百度文库．浅析政府失灵案例——鄂尔多斯房地产泡沫 [EB/OL]. http://wenku. baidu. com/. 2016 - 06 - 10.
[27] 曾宪奎．我国房地产去库存战略研究 [J]. 改革与战略，2016，32 (11)：59 - 62.
[28] 荣晨，曾铮．房地产去库存形势与建议 [J]. 中国金融，2017 (21)：54 - 55.
[29] 徐宏英，宁楠楠．以“房票”促进迁建安置——浙江柯城实践 [J]. 中国土地，2017 (2)：58 - 59.
[30] 新浪博客记者．中国某省区某检查站遭袭背后：边界划定遗留问题 [EB/OL]. http://blog. sina. com. cn. 2015 _ 12 _ 23.
[31] 百度百科．12·6 某省区某检查站遭袭事件 [EB/OL]. http://baike. baidu. com/.
[32] 邓勇胜．论行政区域边界争议地区的刑事地域管辖 [J]. 湖北工程学院学报，2017，37 (2)：94 - 98.
[33] 惠静夷，褚丽妹．浅析行政区域界线与土地权属 [J]. 国土资源，2013 (8)：54 - 55.
[34] 刘祥林，黄晓平．刑事案件地域管辖争议问题研究 [J]. 人民检察，2009 (2)：9 - 12.
[35] 杨岩枫，谢俊奇．加强和完善土地权属争议调处机制的思考 [J]. 中国土地，2016 (10)：26 - 27.
[36] 搜狐新闻记者．某市数千亩大棚撂荒，惠民工程惨变烫手山芋 [EB/OL]. http://news. sohu. com/20170329/n485487531. shtml.
[37] 中央人民广播网记者．某市七个旗县数千亩大棚蔬菜遭荒废闲置 [EB/OL]. http://country. cnr. cn/focus/20170331/t20170331 _ 523687208. shtml.

[38] 杨京．规范设施农用地监管的建议 [J]. 中国土地，2014 (12)：50-51.
[39] 杨树凌．设施农用地怎么管 [J]. 中国土地，2011 (4)：47-49.
[40] 林依标，陈权．闲置土地的法律分析 [J]. 中国土地，2011 (11)：51-53.
[41] 王薇，马慧芳．新型城镇化背景下变革农村土地流转的方式 [J]. 农业经济，2019 (3)：91-93.
[42] 潘光辉．失地农民社会保障和就业问题研究 [M]. 广州：暨南大学出版社，2009.
[43] 孙忠英．基于协同治理理论的区域环境治理探析 [J]. 环境保护与循环经济，2015，35 (9)：18-21.
[44] 姚怡帆，叶中华．社会治理创新的逻辑转向——基于协同治理理论 [J]. 领导科学论坛，2020 (23)：43-54.
[45] 蔡岚．协同治理：复杂公共问题的解决之道 [J]. 暨南学报（哲学社会科学版），2015，37 (2)：110-118.
[46] 兰启发，张劲松．协同治理视角下国家公园体制建设的困境和路径——以武夷山国家公园为例 [J]. 集美大学学报（哲学社会科学版），2021，24 (1)：43-49.
[47] 周定财．基层社会管理创新中的协同治理研究 [D]. 苏州：苏州大学，2017.
[48] 赵宏伟．企业资金链断裂成因探析 [J]. 经济师，2021 (2)：287-288.
[49] 戴超．新时期下中小房地产企业资金链断裂问题分析及其具体措施研究 [J]. 中国产经，2021 (1)：107-108.
[50] 安永清，屈永华，高鸿永，段小亮，伍靖伟，陈爱萍．内蒙古河套灌区土壤盐碱化遥感监测方法研究 [J]. 遥感技术与应用，2008 (3)：316-322，243.
[51] 逄淑玲．基层政府协同执行机制研究 [D]. 上海：上海师范大学，2020.
[52] 周望．超越议事协调：领导小组的运行逻辑及模式分化 [J]. 中国行政管理，2018 (3)：113-117.
[53] 樊晓晨，聂月岩．国家治理现代化背景下“领导小组”问题探析 [J]. 中共天津市委党校学报，2015 (5)：35-39.
[54] 原超．“领导小组机制”：科层治理运动化的实践渠道 [J]. 甘肃行政学院学报，2017 (5)：35-46，126-127.
[55] 彭梅牙．新余市大力发展光伏农业 [J]. 南方农机，2012 (2)：4-6.
[56] 刘文科．迅速发展的光伏农业 [J]. 中国农村科技，2014 (8)：54-55.
[57] 何勇．盐碱地区发展光伏农业的意义与思路 [J]. 现代农业科技，2017 (12)：172-173.
[58] 姚荣江，杨劲松．刘广明．东北地区盐碱土特征及其农业生物治理 [J]. 土壤，2006 (3)：256-262.